CB137091

OS SACRAMENTOS

O que são, para que servem e como recebê-los

D. HILÁRIO MOSER

OS SACRAMENTOS

O que são, para que servem e como recebê-los

Coleção

Catequese em perguntas e respostas

EDITORA
SANTUÁRIO

Direção editorial: Pe. Fábio Evaristo R. Silva, C.Ss.R.
Pe. José Luís Queimado, C.Ss.R.
Conselho editorial: Cláudio Anselmo Santos Silva, C.Ss.R.
Edvaldo Manoel Araújo, C.Ss.R.
Ferdinando Mancilio, C.Ss.R.
Gilberto Paiva, C.Ss.R.
Marco Lucas Tomaz, C.Ss.R.
Victor Hugo Lapenta, C.Ss.R.
Coordenação editorial: Ana Lúcia de Castro Leite
Copidesque: Sofia Machado
Revisão: Luana Galvão
Diagramação e Capa: Mauricio Pereira

Dados Internacionais de Catalogação na Publicação (CIP) de acordo com ISBD

M899s Moser, Hilário

Os sacramentos: o que são, para que servem e como recebê-los / Hilário Moser. - Aparecida : Editora Santuário, 2023.
80 p. ; 14cm x 21cm.

Inclui índice.
ISBN: 978-65-5527-291-8

1. Religião. 2. Cristianismo. 3. Sacramentos. I. Título.

2023-283 CDD 240
CDU 24

Elaborado por Odilio Hilario Moreira Junior - CRB-8/9949

2ª impressão

Todos os direitos reservados à **EDITORA SANTUÁRIO** – 2025

Rua Pe. Claro Monteiro, 342 – 12570-045 – Aparecida-SP
Tel.: 12 3104-2000 – Televendas: 0800 - 0 16 00 04
www.editorasantuario.com.br
vendas@editorasantuario.com.br

SUMÁRIO

APRESENTAÇÃO

Aqui está uma modesta "Catequese em perguntas e respostas" sobre os Sacramentos da Igreja. Seu objetivo é ajudar a "compreender" duas realidades fundamentais: o plano do Pai, que a todos quer salvar mediante o envio de seu Filho e do Espírito Santo; e a Igreja – povo de Deus e Corpo de Cristo – que, por meio da pregação da Palavra e da administração dos Sacramentos, faz chegar a cada coração a salvação que brota do coração de Deus.

A leitura deste pequeno volume quer ser também um estímulo para "buscar com fé" os Sacramentos e "viver com coerência" a vida divina que eles comunicam.

Que a Santa Mãe de Deus abençoe quem se servir destas páginas para obter maiores frutos da recepção dos Sacramentos que seu Filho Jesus deixou para nossa salvação.

O Autor

OS SACRAMENTOS

O que fazer para entender os sacramentos? – Antes de tudo, é preciso compreender o **plano de Deus** para nos salvar por intermédio de seu Filho Jesus, na força do Espírito Santo.

Como é o plano de Deus? – Deus, Pai de bondade e misericórdia, querendo salvar-nos, enviou ao mundo seu Filho, que tomou carne humana no seio de Maria, fez-se homem e recebeu o nome de **Jesus**, que significa precisamente **Deus salva**.

Como Jesus nos salvou? – Jesus foi em tudo igual a nós, **menos no pecado**. Viveu na pobreza, no trabalho, entre dificuldades. Anunciou a Palavra de Deus, acolheu os pecadores, curou os doentes, fez o bem a todos. Sofreu e deu sua vida por nós na cruz, depois ressuscitou; em seguida, comunicou-nos o Espírito Santo: foi assim que Jesus nos salvou.

Por que a salvação aconteceu desse modo? – O ser humano – feito de **carne** – pecou. Foi vontade do Pai que, assim como o pecado, também a salvação chegasse a nós por meio da **carne humana**. Por isso seu Filho se fez **ser humano** e, em sua carne, sofreu e morreu na cruz. Foi por meio de sua **humanidade** (corpo) que Jesus nos salvou e... continua a nos salvar.

Como "continua" a nos salvar em sua humanidade? – Se na ressurreição Jesus se tornou **invisível**, hoje ele se torna visível por meio de sua **Igreja**, particularmente de seus **sacramentos**. É por essa razão que Cristo é chamado "Sacramento do Pai" e a Igreja, "Sacramento de Cristo".

Que quer dizer "sacramento"? – A palavra "sacramento" vem de "sacro" ou "sagrado" e significa ação ou celebração sagrada.

Como são essas celebrações? – Do ponto de vista **visível**, são feitas de **sinais**, isto é, de palavras, gestos, coisas e ministros. Do ponto de vista **invisível**, elas produzem **efeitos espirituais** de santificação e salvação (graça) em favor de quem delas participa.

Quem produz os efeitos espirituais? – Os efeitos espirituais são obra do **próprio Deus** (Pai), que age por intermédio de seu Filho Jesus e do Espírito Santo.

Portanto pelos sacramentos eu me encontro com Jesus? – Sim. Por meio da Igreja e de seus ministros que agem em nome de Jesus, eu me encontro com o **próprio Jesus Ressuscitado**. Essa é a grandeza e a beleza dos sacramentos.

Como acontece esse encontro? – Pela **fé**. Ela é um dom que Deus nos dá no Batismo. Por ela, mais do que crer no que não vemos, principalmente **entramos em comunhão** com Jesus e, por ele, com o Pai. Veja como Deus é simples e bom!

Quantos são os sacramentos? – São sete: Batismo, Crisma ou Confirmação, Eucaristia, Penitência, Unção dos Enfermos, Ordem e Matrimônio.

Por que os sacramentos são sete? – Porque correspondem a sete situações fundamentais da vida humana: cinco situações **individuais** e duas **sociais**. Jesus, em sua bondade, "inventou" um meio para nos santificar e salvar em cada uma dessas situações.

Quais são as cinco situações "individuais" da vida? – São o nascimento, o crescimento, a alimentação, as faltas que cometemos e as doenças.

Que sacramentos correspondem a elas? – Ao nascimento corresponde o Batismo; ao crescimento, a Crisma; à alimentação, a Eucaristia; a nossas faltas, a Penitência ou Reconciliação; às doenças, a Unção dos Enfermos.

Como o Batismo corresponde ao nascimento? – Assim como nascemos para a vida humana, também precisamos nascer para a vida divina.

Como a Crisma corresponde ao crescimento? – Assim como crescemos, nós nos desenvolvemos e assumimos responsabilidades, assim também precisamos crescer espiritualmente e assumir nossos compromissos de seguidores de Cristo e membros da Igreja.

Como a Eucaristia corresponde à alimentação? – Assim como nos alimentamos, a fim de vivermos, termos saúde e trabalharmos, assim também precisamos alimentar-nos para vivermos espiritualmente e tornarmo-nos sempre mais semelhantes a Jesus.

Como a Penitência corresponde a nossos erros? – Assim como na vida encontramos meios de superar nossas faltas e nossos erros, assim também precisamos de perdão e misericórdia para nossos pecados.

Como a Unção dos Enfermos corresponde à doença? – Assim como nos enfraquecemos e ficamos doentes, assim também precisamos da força de Deus para superarmos esses momentos difíceis da vida.

Quais são as duas situações "sociais" da vida? – São o casamento e o serviço.

Como o Matrimônio corresponde ao casamento? – Pelo sacramento do Matrimônio, Deus torna a união conjugal fonte de graça, de vida divina e salvação.

Como a Ordem corresponde ao serviço? – O sacramento da Ordem confere aos ministros de Cristo os mesmos poderes e a mesma missão de Jesus, para anunciar a Palavra de Deus, santificar o Povo de Deus pelos sacramentos e mantê-lo na unidade da comunhão do amor.

Há também outra forma de dividir os sacramentos? – Sim. Podem ser divididos em: 1) Sacramentos da Iniciação Cristã: Batismo, Confirmação e Eucaristia. 2) Sacramentos de Cura: Penitência e Unção dos Enfermos. 3) Sacramentos do Serviço e da Comunhão: Matrimônio e Ordem.

Qual a razão dessa classificação? – Os sacramentos da Iniciação Cristã destinam-se a "fazer" o cristão de forma mais plena. Os de Cura são para sanar deficiências de ordem moral e também corporal. Os de Serviço e Comunhão existem em função das pessoas e da Igreja.

Há ainda outro modo de dividir os sacramentos? – Sim. Podem ser divididos em: 1) Sacramentos de "vivos": Eucaristia, Crisma, Unção dos Enfermos, Ordem e Matrimônio. 2) Sacramentos de "mortos": Batismo e Penitência.

Por que se chamam sacramentos de "vivos"? – Chamam-se sacramentos de "vivos" os que se destinam a **aumentar** a vida divina em quem **já está** "vivo espiritualmente", isto é, em quem está na graça de Deus; por isso não devem ser recebidos em pecado mortal.

Por que se chamam sacramentos de "mortos"? – Chamam-se sacramentos de "mortos" os que se destinam a **comunicar** a vida divina em quem **não** a possui, isto é, em quem está "morto espiritualmente", ou porque nasceu sem ela por causa do pecado original (Batismo), ou porque a perdeu por causa de um pecado mortal (Penitência).

Que é o "caráter" que alguns sacramentos imprimem? – O caráter é uma espécie de carimbo, de marca, que identifica a pessoa com Cristo. Permanece em nós também como disposição para recuperar a vida divina quando perdida pelo pecado, como garantia do amor fiel de Deus para conosco e como vocação ao culto divino e ao serviço da Igreja. O caráter é indelével, isto é, nem o pecado o apaga.

Quais sacramentos imprimem caráter? – São três: o Batismo, a Crisma e a Ordem.

Como é o rito de um sacramento? – O rito dos sacramentos é feito de **sinais** que sejam apropriados a indicar a **graça específica** que cada um deles comunica. Esses sinais consistem em palavras, gestos, coisas, atitudes...

Quais são os sinais próprios de cada sacramento? – Além das **palavras** usadas pelo ministro em cada sacramento, no Batismo, usa-se a água; na Confirmação, a imposição das mãos e o óleo próprio para a crisma; na Eucaristia, o pão e o vinho; na Penitência, a confissão e o arrependimento dos pecados; na Unção dos Enfermos, o óleo dos enfermos; na Ordem, a imposição das mãos; no Matrimônio, o sinal é o próprio consentimento dos noivos.

Quem é o ministro de cada sacramento? – Para o Batismo, o padre (em caso de urgência, qualquer pessoa); para a Crisma, o bispo (excepcionalmente pode delegar um padre); para a Eucaristia, a Penitência e a Unção dos Enfermos, o padre; para a Ordem, só o bispo; para o Matrimônio, os próprios noivos.

O que se exige de cada ministro? – Que realize com exatidão o rito prescrito pela Igreja e que tenha a intenção de querer o que a Igreja quer quando administra tal sacramento; do contrário, o sacramento é nulo.

Todos os sacramentos produzem o mesmo efeito? – Não. Se fosse assim, bastaria um sacramento. Jesus providenciou um sacramento para cada uma das situações humanas mais decisivas. Cada sacramento nos dá uma **graça especial** que nos santifica e salva naquela situação específica que estamos vivendo.

Qual é a graça própria do Batismo? – Pelo Batismo, somos purificados do pecado original e, no caso do batismo de adultos, de todos os outros pecados; a Santíssima Trindade vem habitar em nós; é infundida em nós vida divina, com as virtudes da fé, da esperança e da caridade, bem como os dons do Espírito Santo.

O que mais? – Pelo Batismo, nós nos tornamos filhos de Deus; o Espírito Santo nos une estreitamente a Jesus Ressuscitado e a todos os outros batizados (**essa comunhão que é a Igreja**); e é gravado em nós o "caráter", sinal de que pertencemos a Cristo.

Qual é a graça própria da Crisma? – A Crisma ou Confirmação aprofunda em nós a filiação divina; une-nos mais a Cristo e aumenta em nós os dons do Espírito Santo; reforça a comunhão com todos os membros da Igreja; dá-nos especial força do Espírito Santo para assumir o compromisso de discípulos de Jesus; também imprime "caráter".

Qual é a graça própria da Eucaristia? – A Eucaristia é sacrifício e, ao mesmo tempo, ceia pascal. Na Eucaristia, Jesus nos dá, sob forma de pão e de vinho, seu Corpo e Sangue imolados na cruz; ela nos une a Jesus morto e ressuscitado e a todos os que, pelo Batismo, formam com Cristo a Igreja; e alimenta em nós a vida divina, em particular o amor fraterno, a unidade e a paz.

Qual é a graça própria da Penitência? – A Penitência ou Reconciliação perdoa os pecados cometidos depois do Batismo e confere graça especial para superar as tentações e evitar o pecado.

Qual é a graça própria da Unção dos Enfermos? – A Unção dos Enfermos dá forças para superar as dificuldades da doença ou da velhice; renova a fé e a confiança em Deus; fortalece contra as tentações, sobretudo, do desânimo e da angústia; reconforta o doente, dá-lhe paz e coragem e o torna semelhante a Cristo sofredor na cruz.

Qual é a graça própria do Matrimônio? – O Matrimônio cria entre os esposos um vínculo perpétuo e exclusivo; fortalece-nos e os "consagra" para viverem em comunhão conjugal e familiar, cumprindo seus deveres de gerar e educar os filhos.

Qual é a graça própria da Ordem? – A Ordem torna o ordenado semelhante a Cristo, para servir ao próprio Cristo e a sua Igreja;

faz dele representante de Cristo como profeta (para anunciar a Palavra), sacerdote (para santificar o Povo de Deus) e rei/pastor (para governar a Igreja); também imprime "caráter".

Quem instituiu os sacramentos? – Foi Jesus Cristo. Alguns, pessoalmente; outros promulgou-os por meio dos apóstolos.

Os sacramentos são necessários para a salvação? – Sim, porque é por meio deles que o Espírito Santo nos purifica e santifica. O Batismo, em particular, (para os que conhecem Cristo e o que ele fez por nós), é **indispensável** para a salvação. Os demais, embora não sejam indispensáveis à salvação, são muito convenientes; seria insensato não os receber, privando-nos de tão grande riqueza espiritual.

Por que o Batismo é indispensável para a salvação? – Porque esta **foi e é a vontade de Jesus**. Ele disse a Nicodemos: "Se alguém não nascer da água e do Espírito, não poderá entrar no Reino de Deus" (***João*** 3,5).[1] Também disse aos apóstolos: "Ide pelo mundo inteiro e proclamai o Evangelho a toda criatura! Quem crer e for batizado será salvo, mas quem não crer será condenado" (***Marcos*** 16,15-16).

E as pessoas que não conhecem Jesus? – Essas pessoas não são culpadas de ignorarem o Evangelho e não receberem o Batismo. Como Deus é maior que os sacramentos, o **Espírito Santo** age também no coração dos que não conhecem Jesus e pode salvá-los por caminhos que só ele sabe.

Como devem ser recebidos os sacramentos? – Com grande **fé**, senão perdem o sentido. Eles são chamados "Sacramentos da Fé", exatamente porque exigem a fé e fazem crescer a fé.

Que relação há entre os sacramentos e a Igreja? – Os sacramentos nos inserem sempre mais na comunhão da Igreja e nos com-

---

[1] As citações da Bíblia correspondem à *Tradução Oficial da CNBB,* 1ª edição – 2018.

prometem com sua missão. Não podem ser só um meio de ir para o céu; já a partir deste mundo devem levar-nos a anunciar e construir o Reino de Deus.

Que relação há entre os sacramentos e a vida cristã? - Eles alimentam e fazem crescer em nós a vida divina, a fé, a esperança e a caridade. Recebendo-os com a devida preparação, eles nos fazem viver como verdadeiros discípulos/as de Jesus, de acordo com seu Evangelho. Receber os Sacramentos, e depois não ser coerentes com eles, é levar Deus na brincadeira. Deus sempre nos leva a sério; nós também precisamos levar a sério Deus e seus meios de salvação.

Quer saber mais? -
Veja o ***Catecismo da Igreja Católica***, n. 1076-1211.

I

OS SACRAMENTOS DA INICIAÇÃO CRISTÃ

Quais são os sacramentos da Iniciação Cristã? – O Batismo, a Crisma (ou Confirmação) e a Eucaristia.

Por que recebem esse nome? – Porque esses sacramentos são como o alicerce de toda a vida cristã e se destinam a "fazer" o cristão de forma mais plena.

Como isso ocorre? – A participação na vida divina parece-se com a origem, o desenvolvimento e a sustentação da vida natural. De fato, renascemos pelo Batismo, somos fortalecidos pela Crisma e nos nutrimos da Eucaristia.

Que efeito produzem os sacramentos da Iniciação Cristã? – Eles enraízam sempre mais em nós a vida divina e nos ajudam a crescer na fé, esperança e caridade.

Quer saber mais? –
Veja o ***Catecismo da Igreja Católica***, n. 1212.

O BATISMO

Por que é preciso receber o Batismo? – Porque esta **foi** e **é** a vontade explícita de Jesus.

Como e quando Jesus deu essa ordem? – Jesus disse a seus apóstolos: "Foi-me dada toda autoridade no céu e na terra. Ide, pois, e fazei discípulos todos os povos, batizando-os em nome do Pai e do Filho e do Espírito Santo. Ensinai-os a observar tudo o que vos mandei" (***Mateus*** 28,18-19). Ou, ainda, como citamos anteriormente: "Ide pelo mundo inteiro e proclamai o Evangelho a toda criatura! Quem crer e for batizado será salvo, mas quem não crer será condenado" (***Marcos*** 16,15-16).

O Batismo já existia antes de Jesus? – Sim. Quem começou a batizar foi São João Batista. Daí ser ele chamado de "Batista". Diz São Mateus: "Naqueles dias apareceu João Batista, proclamando no deserto da Judeia: 'Arrependei-vos, pois o Reino dos Céus está próximo'... Então acorriam até ele Jerusalém e toda a Judeia e toda a região do Jordão. E, confessando seus pecados, eram por ele batizados no Rio Jordão" (***Mateus*** 3,1.5-6).

Há diferença entre o Batismo de João e o de Jesus? – Sim. O Batismo de João era **só sinal** do verdadeiro Batismo, que é o de Jesus. De fato, João dizia: "Eu vos batizo com água, como sinal de arrependimento, mas o que vem depois de mim (Jesus)... vos batizará com o Espírito Santo e com o fogo" (***Mateus*** 3,11). Veja também ***Marcos*** 1,4-8; ***Lucas*** 3,3; ***João*** 1,25-28; ***Atos dos Apóstolos*** 19,3-5.

É verdade que Jesus se fez batizar por João Batista? – É verdade. Jesus foi até o rio Jordão e quis ser batizado por João, que não queria... De fato, o Batismo é para os pecadores, e Jesus era inocente e santíssimo. Veja o episódio em ***Mateus***: 3,13-17; ***Marcos*** 1,9-11; ***Lucas*** 3,21-22; ***João*** 1,29-34.

Por que Jesus quis ser batizado? – Com esse gesto, ele quis assumir sobre si todos os nossos pecados e também nos ensinar a importância do Batismo para entrar no Reino de Deus e tornar-nos seus discípulos.

Como é o Batismo de Jesus? – É Batismo de água e Espírito Santo. De fato, a Nicodemos, que o questionava sobre como isso seria, "Jesus respondeu: 'Em verdade, em verdade, eu te digo: se alguém não nascer de novo, não poderá entrar no Reino de Deus!' Nicodemos perguntou: 'Como pode alguém nascer, se já é velho? Ele poderá entrar uma segunda vez no ventre de sua mãe para nascer?' Jesus respondeu: 'Em verdade, em verdade, eu te digo: se alguém não nascer da água e do Espírito, não poderá entrar no Reino de Deus'" (João 3,3-5).

Os apóstolos cumpriram a vontade de Jesus? – Sim. Por exemplo, no dia da vinda do Espírito Santo (Pentecostes), São Pedro pregou a uma grande multidão. O povo, comovido, perguntou: "'Irmãos, que devemos fazer?' Pedro respondeu: 'Arrependei-vos, e cada um de vós seja batizado em nome de Jesus Cristo, para o perdão de vossos pecados e recebereis o dom do Espírito Santo'" (***Atos dos Apóstolos*** 2,37-38; veja também 8,12).

A ordem de Jesus, hoje, continua a ser cumprida? – Sim. Desde o dia de Pentecostes até hoje, os apóstolos e seus sucessores batizam todos os que acreditam em Jesus e no Evangelho.

Afinal, que é o Batismo? – O Batismo, enquanto **rito**, é uma celebração em que o ministro derrama um pouco de água sobre a cabeça da pessoa, dizendo: "Eu te batizo em nome do Pai e do Filho e do Espírito Santo".

Qual é o efeito espiritual desse rito? – A palavra "Batismo" vem da língua grega e significa "lavar – purificar". Assim como para lavar o corpo tomamos banho, para sermos **lavados do pecado** (com que todos nós nascemos: o pecado original), recebemos o Batismo: ele elimina o pecado original e infunde em nós a vida divina.

Por que no Batismo se usa água? – Porque é com água que fazemos limpeza. Há, porém, uma grande **diferença**: no banho do corpo, é a própria água que lava e purifica; no banho do Batismo, a água só **simboliza** a purificação interior: a purificação, de fato, é feita por Jesus e pelo Espírito Santo.

Como pode acontecer isso? – Só Jesus, que é Deus, pode fazer isso. Jesus, no Batismo, **ligou para sempre** à água e às palavras "Eu te batizo em nome do Pai e do Filho e do Espírito Santo" **sua vontade** de purificar espiritualmente o ser humano e de comunicar-lhe a vida divina.

Por que nascemos manchados pelo pecado? – Por causa do pecado de Adão e Eva, os "pais" da humanidade. Deus os criou a sua imagem e semelhança. Eram amigos de Deus, em tudo cumpriam a vontade divina. Tentados, porém, pelo diabo (simbolizado pela serpente), desobedeceram a Deus e quiseram ser como ele. Esse foi seu pecado: foi o primeiro pecado, o pecado **"das origens"** do mundo, isto é, o pecado "original".

Nós, descendentes de Adão e Eva, o que temos a ver isso? – Pela fé na Palavra de Deus – e é por isso que cremos –, sabemos que, depois do pecado de Adão e Eva, **todos** nascemos com essa espécie de "mancha", o "pecado original".

Temos culpa disso? – Não temos. Entretanto, pelo fato de sermos descendentes de Adão e Eva, pecadores, nascemos marcados pelo pecado. Esse pecado, porém, por bondade de Jesus, é apagado pelo Batismo. O Batismo nos purifica do pecado original, dá-nos a vida divina e nos faz filhos de Deus, como eram Adão e Eva antes do pecado.

Existe mesmo o pecado original? – Existe. É a Palavra de Deus que o ensina. Jesus não disse que é preciso "nascer de novo" pela água e pelo Espírito Santo para entrar no Reino de Deus? Portanto, sem o "novo nascimento" do Batismo, a pessoa está fora do Reino de Deus.

Onde está isso na Bíblia? – Veja, por exemplo, São Paulo: "O pecado entrou no mundo por um só homem (Adão) e, por meio do pecado, a morte" (***Romanos*** 5,12). E ainda: "Como pela transgressão de um só (Adão), a condenação se estendeu a todos os seres humanos, assim pelo ato de justiça de um só (Cristo), estendeu-se a todos a justificação que dá a vida" (***Romanos*** 5,18-19). Note que na Bíblia as palavras "justiça", "justificação" querem dizer "purificação", "santificação".

Quais são os efeitos do Batismo? – O Batismo produz diversos efeitos. Confira-os de modo geral em São Paulo: ***Romanos*** 6,1-14; 1 ***Coríntios*** 12,12-14; ***Gálatas*** 3,26-28. Aqui vamos explicitar os oito principais.

Qual é o primeiro efeito do Batismo? – O primeiro efeito do Batismo consiste na purificação do pecado original. É como limpar o caminho para que outros efeitos possam ser produzidos em nós.

Qual é o segundo efeito? – O Batismo faz de nós "morada" da Santíssima Trindade, "templo" onde habita Deus Pai, Filho e Espírito Santo.

Qual é o terceiro efeito? – Pelo Batismo, tornamo-nos filhos do Pai do céu. Começamos a viver da mesma vida de Deus (graça). De fato, o Batismo é um novo nascimento, um nascimento "espiritual", e quem nasce de Deus é filho de Deus.

Qual é o quarto efeito? – Pelo Batismo, o Espírito Santo nos une a Jesus, Filho de Deus, de forma tão intensa que formamos com ele como um só Filho do Pai celeste. Assim, tornamo-nos filhos no Filho.

Qual é o quinto efeito? – Pelo Batismo, o Espírito Santo também nos une fortemente à comunidade dos discípulos de Jesus, que é a Igreja, fazendo de todos nós irmãos.

Qual é o sexto efeito? – Com a vida divina, no Batismo, Deus também nos dá a Fé, a Esperança e a Caridade. Pela Fé, cremos na Palavra de Deus; pela Esperança, aguardamos a felicidade do céu; pela Caridade, amamos a Deus e a nossos irmãos.

Qual é o sétimo efeito? – Pelo Batismo, o Espírito Santo nos comunica seus sete dons: Sabedoria e Inteligência, Conselho e Fortaleza, Ciência, Piedade e Temor de Deus. As virtudes da Fé, Esperança, Caridade e os dons do Espírito Santo nos ajudam a viver de acordo com a vontade do Pai e o Evangelho de Jesus.

Qual é o oitavo efeito? – O Batismo, finalmente, imprime em nós o "caráter", que é como uma "marca", a marca de Cristo, sinal indelével de que pertencemos a ele para sempre e nos tornamos semelhantes a ele; nem mesmo o pecado a apaga. Dessa forma nos tornamos semelhantes a Jesus "profeta", "sacerdote" e "rei/pastor": somos profetas para anunciar a Palavra de Deus, sacerdotes para oferecer culto a Deus, reis/pastores para transformar o mundo inteiro em Reino de Deus.

Como se realiza o rito do Batismo? – O rito do Batismo consta de **oito momentos principais**; há mais três não obrigatórios, mas que também são significativos.

Qual é o primeiro momento? – A imposição do sinal da cruz: o ministro, os pais e os padrinhos traçam o sinal da cruz, que é o sinal de Jesus, na testa da criança, para afirmar que essa pessoa pertence a Cristo.

Qual é o segundo? – A unção com o óleo dos catecúmenos, isto é, dos candidatos ao Batismo: o ministro unge o peito da criança com esse óleo abençoado pelo Bispo na Quinta-feira Santa. O óleo simboliza a purificação e a força comunicadas à criança pelo próprio Cristo.

Qual é o terceiro? – As promessas do Batismo: por elas, os pais e padrinhos assumem, em nome da criança, o compromisso de crer em Deus Pai, Filho e Espírito Santo, e na Santa Igreja; de rejeitar o diabo e todo o mal; de esforçar-se para viver santamente.

Qual é o quarto? – O banho batismal: o ministro derrama água na cabeça da criança, dizendo: "Eu te batizo em nome do Pai e do Filho e do Espírito Santo".

Qual é o quinto? – A unção com o óleo próprio para a crisma: o ministro unge a testa da criança com esse óleo consagrado pelo Bispo na Quinta-feira Santa. Essa unção significa que o ser humano foi consagrado a Cristo e pertence a Deus. Significa também que recebeu o Espírito Santo e tornou-se "cristão", palavra que significa "ungido", como Cristo foi ungido profeta, sacerdote e rei/pastor, como era praxe no Antigo Testamento.

Qual é o sexto? – A veste branca: o ministro cobre a criança com uma veste branca, caso já não esteja vestida de branco, para significar que ela, agora batizada, está livre de todo pecado, é pura e santa para Deus.

Qual é o sétimo? – A entrega da luz: o ministro entrega aos padrinhos uma vela acesa. A luz representa a fé que a criança acaba de receber de Deus como um dom. Pela fé, ela deve viver de acordo com a Palavra de Deus e ser fiel até o fim da vida.

Qual é o oitavo? – A oração do "Pai-Nosso": todos rezam juntos a oração que Jesus nos ensinou e que é a oração típica dos discípulos de Jesus.

Quais são os momentos não obrigatórios? – São três: 1) O ministro ou a madrinha coloca uma pitadinha de sal na boca da criança para significar que ela deve saborear as coisas de Deus. 2) O ministro toca os ouvidos e a boca da criança para significar que ela deve ouvir e proclamar a Palavra de Deus. 3) É costume também consagrar a criança a Nossa Senhora, Mãe de Deus e da Igreja.

O que devem fazer os padrinhos do Batismo? – Os padrinhos do Batismo devem **ajudar os pais a educar na fé** a criança batizada. Isto é, desde cedo, devem ensinar a criança a rezar e a participar da vida da Igreja e, na idade oportuna, encaminhá-la à catequese.

Como devem ser os padrinhos? – É preciso que sejam **pessoas de Igreja**, que praticam a fé, que procuram viver como bons cristãos. Por isso os padrinhos devem dar bom testemunho a seus afilhados, ajudá-los a crescer como bons cristãos. O mesmo devem fazer **os pais da criança**.

Quais são as consequências do Batismo para a vida de cada dia? – São pelo menos **nove**, todas elas muito importantes.

Qual é a primeira? – É esta: se o Batismo nos tornou filhos de Deus, devemos viver como verdadeiros filhos do Pai do céu.

Qual é a segunda? – Se o Batismo fez de nós uma coisa só com Jesus, devemos viver unidos a ele e como Jesus nos ensinou e nos deu exemplo.

Qual é a terceira? – Se o Batismo nos transformou em templos do Espírito Santo, devemos procurar viver santamente.

Qual é a quarta? – Se o Batismo fez de nós membros da Igreja, devemos viver na Igreja e participar de sua vida.

Qual é a quinta? – Se o Batismo nos tornou irmãos de todos, devemos viver em paz com todos, querer bem a todos, perdoar a todos.

Qual é a sexta? – Se o Batismo nos comunicou a virtude da fé, devemos crer na Palavra de Deus e esforçar-nos para praticá-la.

Qual é a sétima? – Se o Batismo infundiu em nós a virtude da Esperança, não devemos desanimar nunca e, sim, esperar com coragem e alegria a recompensa do céu.

Qual é a oitava? – Se o Batismo derramou em nosso coração a virtude da Caridade, devemos procurar amar a Deus sobre todas as coisas e ao próximo como a nós mesmos, conforme mandam os Mandamentos da Lei de Deus.

Qual é a nona? – Se o Batismo nos libertou do pecado, devemos esforçar-nos para não pecarmos e vivermos santamente.

O que se conclui de tudo isso? – Que o Batismo **é para ser vivido no dia a dia**. Não tem sentido sermos batizados e depois vivermos de qualquer modo, longe de Deus, do Evangelho de Jesus e de sua Igreja.

Quer saber mais? –
Veja o ***Catecismo da Igreja Católica***, n. 1213-1284.

A CRISMA

O que quer dizer "Crisma"? – "Crisma" é palavra grega que significa "unção". No Antigo Testamento, era costume ungir com óleo os sacerdotes, os reis e os profetas. O rei, por exemplo, era chamado o "Ungido do Senhor". No Novo Testamento, o Messias, Jesus, é chamado "Cristo", que significa precisamente "Ungido".

E a Crisma o que é? – É o sacramento pelo qual o Pai, por Jesus, comunica-nos **o Espírito Santo e seus dons**.

Como se administra a Crisma? – Os **sinais** que se usam para administrar a crisma são a imposição das mãos e a unção com o óleo do Crisma. Esse óleo é consagrado pelo bispo na Quinta-feira Santa.

Como é a imposição das mãos? – Antes da unção, o bispo estende as mãos sobre os crismandos, enquanto faz uma solene oração pedindo ao Pai que lhes conceda o Espírito Santo.

A Bíblia fala da imposição das mãos? – Sim. É impondo as mãos que Jesus curava os doentes e abençoava as crianças. Em nome dele, os apóstolos faziam o mesmo: "Os apóstolos, que estavam em Jerusalém, souberam que a Samaria acolhera a palavra de Deus e enviaram para lá Pedro e João. Chegando ali, oraram pelos habitantes da Samaria, para que recebessem o Espírito Santo... Pedro e João impuseram-lhes as mãos e eles receberam o Espírito Santo" (***Atos dos Apóstolos*** 8,14-15.17).

E a unção com óleo? – Além da imposição das mãos, para melhor significar o dom do Espírito Santo, é feita a unção com óleo, a fim de mostrar que o cristão é um **"ungido"**, um "consagrado", como o próprio Cristo: "Vós sabeis... como Deus ungiu a Jesus de Nazaré com o Espírito Santo e com poder" (***Atos dos Apóstolos*** 10,38).

Jesus prometeu o Espírito Santo? – Sim. Jesus prometeu diversas vezes o Espírito Santo. Realizou a promessa no dia da **Páscoa** e, depois, de forma mais marcante, no dia de **Pentecostes**. A partir daí, também os apóstolos começaram a comunicar o Espírito Santo, que agia com sinais maravilhosos nos que o recebiam, como o testemunham ***João*** 16,7-15; 20, 22 e ***Atos dos Apóstolos*** 2,1-4; 8,15-17.

Como é a unção com óleo? – O bispo traça com ele o sinal da cruz na fronte do crismando, enquanto diz: "Recebe por este sinal o Espírito Santo, o Dom de Deus".

De que é precedida a imposição das mãos e a unção? – Antes da imposição das mãos e da unção, faz-se a **renovação das promessas do Batismo**. Essa renovação pode também ser feita à parte, em uma celebração especial, algum tempo antes do dia da Crisma.

Quem é o ministro da Crisma? – O **bispo**, enquanto sucessor dos apóstolos; todavia, em casos especiais, pode-se delegar um padre.

Quem pode receber a Crisma? – Só quem **já foi batizado**. Além disso, é preciso estar em estado de graça. Se o crismando estivesse em pecado mortal, seria importante que, antes, recuperasse a graça de Deus por meio do sacramento da Penitência (Confissão).

A Crisma é indispensável para a salvação eterna? – Por si, não é. Mas ela é indispensável para "fazer o cristão" de forma mais plena. Junto com o Batismo e a Eucaristia, a Crisma faz parte dos "Sacramentos da Iniciação Cristã": ela confirma o Batismo e consolida a graça batismal. Portanto é muito necessária.

Qual é a finalidade do Sacramento da Crisma? – A Crisma comunica o Espírito Santo e seus dons para tornar a pessoa **semelhante a Jesus**, o Ungido de Deus, que é profeta, sacerdote e rei/pastor. Quem recebeu a Crisma deve ser profeta para anunciar a Palavra de Deus; sacerdote para oferecer o culto espiritual a Deus; rei/pastor para testemunhar Cristo e implantar seu Reino em toda parte.

A Crisma produz mais algum efeito? – 1) Ela nos torna, de modo mais profundo, filhos de Deus. 2) Une-nos de forma mais intensa a Cristo. 3) Aperfeiçoa os laços que nos unem com a Igreja. 4) Dá-nos a força do Espírito Santo para difundir e defender nossa fé pela palavra e pela ação, para testemunhar com coragem o nome de Cristo e nunca ter vergonha de pertencermos a ele.

A Crisma produz ainda outros efeitos? – Sim. Ela imprime no crismado o **"caráter"** que é como a **"marca" de Cristo**, sinal de que ele pertence a Jesus. O caráter é **"indelével"**, isto é, nada, nem o pecado mortal, apaga-o. São Paulo escreve aos Coríntios: "Deus que nos ungiu, marcou-nos com seu selo e deu-nos, em nossos corações, a garantia do Espírito" (***2 Coríntios***, 1,21). E aos Efésios: "Fostes selados com o Espírito Santo da promessa" (***Efésios*** 1,13). Veja também ***1 João*** 2,20.27.

A Crisma tem algum outro nome? – Sim. É chamada também **sacramento da Confirmação**, porque ela **enraíza ainda mais** em quem já foi batizado a presença do Espírito Santo e seus dons, o que de certa forma o "confirma" em sua pertença a Cristo.

O que são os dons do Espírito Santo? – Como a palavra diz, são "dons", isto é, graças, forças divinas, que ajudam o crismado a viver conforme o Evangelho de Jesus. Eles **completam e aperfeiçoam** a Fé, a Esperança, a Caridade e outros dons recebidos no Batismo. Tornam o cristão mais pronto a viver de acordo com o Evangelho.

Quantos são os dons do Espírito Santo? – São sete: Sabedoria, Inteligência, Conselho, Fortaleza, Ciência, Piedade e Temor de Deus.

Para que serve a Sabedoria? – A Sabedoria ajuda o cristão a "saborear" as coisas de Deus, isto é, a olhar tudo e todos com olhar divino, a viver de acordo com o Evangelho, a não se deixar conduzir só pela dimensão humana da vida e das coisas.

Para que serve a Inteligência? – A Inteligência ajuda o cristão a "compreender" a Palavra de Deus e as coisas de Deus; sem essa compreensão, não é possível "saborear" as coisas de Deus.

Para que serve o Conselho? – O Conselho ajuda o cristão a “discernir”, à luz da fé e da Palavra de Deus, o que está de acordo com Deus e o que é contrário a ele.

Para que serve a Fortaleza? – A Fortaleza, como a palavra diz, “fortalece” o cristão para estar pronto a seguir Jesus Cristo, a dar testemunho corajoso do Evangelho, a difundir o Reino de Deus no ambiente em que vive e a combater contra o mal que tenta tomar conta de seu coração.

Para que serve a Ciência? – A Ciência ajuda o cristão a “conhecer” mais distintamente os mistérios da fé e o caminho da vida cristã.

Para que serve a Piedade? – A Piedade leva o cristão a viver o “amor filial” para com o Pai do céu.

Para que serve o Temor de Deus? – O Temor de Deus ajuda o cristão a “respeitar” a Deus, temendo amorosamente violar seus Mandamentos e ofendê-lo.

Qual é a utilidade dos dons? – Juntamente com a vida divina, que nos é comunicada no Batismo, os dons do Espírito Santo **santificam e fortalecem a inteligência e a vontade** – a pessoa inteira – para que ela possa viver realmente como filho de Deus e produzir os **“frutos do Espírito”**.

O que são os frutos do Espírito Santo? – O cristão é comparado a uma árvore: Jesus disse que “toda árvore boa produz frutos bons e toda árvore má produz frutos maus” (***Mateus*** 7,17). Ora, o crismado que procurar ser uma boa “árvore” produzirá os frutos do Espírito.

Quais são os frutos do Espírito Santo? – São Paulo fala deles escrevendo aos Gálatas. Diz: “Deixai-vos sempre guiar pelo Espírito, e nunca satisfaçais o desejo da carne. Pois o que a carne deseja é contra o Espírito, e o que o Espírito deseja é contra a carne:

são o oposto um do outro... São bem conhecidas as obras da carne: imoralidade sexual, impureza, devassidão, idolatria, feitiçaria, inimizade, contenda, ciúmes, iras, intrigas discórdias, facções, invejas, bebedeiras, orgias e outras coisas semelhantes... O fruto do Espírito, porém, é amor, alegria, paz, paciência, amabilidade, bondade, lealdade, mansidão, domínio próprio" (***Gálatas*** 5,16-17.19-23). Veja também ***Romanos*** 8,12-17.

Na Crisma são necessários padrinhos? - Convém haver um padrinho ou uma madrinha. A Igreja até recomenda que sejam os mesmos do Batismo, pois é função deles **ajudar o afilhado na educação da fé** e no crescimento cristão.

Como deve viver quem recebeu a Crisma? - A Crisma compromete seriamente o crismado com Jesus e a Igreja. Ele deve ser consciente de sua responsabilidade como discípulo de Jesus. Por isso precisa esforçar-se para dar testemunho do Evangelho e do próprio Jesus Cristo. Além disso, deve também ser consciente de que a Crisma o empenha mais intensamente no cumprimento da missão da Igreja, isto é, de evangelizar e transformar a sociedade e o mundo.

Quer saber mais? -
Veja o ***Catecismo da Igreja Católica***, n. 1285-1321.

A EUCARISTIA

A Eucaristia é sacramento? – Sim. Aliás, é o maior dos sacramentos – o Santíssimo Sacramento – porque nela está presente o próprio Filho de Deus feito Homem, morto e ressuscitado.

O que quer dizer "Eucaristia"? – "Eucaristia" é palavra grega que significa "ação de graças". De fato, a Eucaristia é uma **grande celebração de ação de graças** ao Pai, Criador de todos e de tudo.

Ação de graças, por quê? – Porque tudo o que somos e temos, tudo o que existe, **tudo é dom** de Deus. É fundamental que nós, suas criaturas e seus filhos, expressemos a ele nossa gratidão.

O que significa sermos agradecidos a Deus? – Em primeiro lugar, significa **saber e reconhecer** que tudo o que existe foi iniciativa amorosa de nosso Deus Pai, Filho e Espírito Santo. Em seguida, significa **expressar** esse reconhecimento.

Seria a mesma coisa que adorar a Deus? – De certa forma, sim. Adorar, agradecer, louvar a Deus são atitudes muito próximas; se somarmos a elas o pedido de perdão dos pecados e o pedido de graças, aí temos a **essência da Religião**.

O que é a Religião? – A Religião consiste em **reconhecer e expressar** de alguma forma as seguintes realidades: 1) Que existe um só Deus Pai, Filho e Espírito Santo. 2) Que esse Deus, por amor, criou tudo o que existe. 3) Que ele nos criou a sua imagem e semelhança e, ao nos comunicar a vida divina, fez-nos seus filhos. 4) Que os seres humanos, tendo pecado, foram salvos pelo Filho de Deus, que se fez um de nós e morreu por nós. 5) Que Jesus fundou a Igreja, instituiu os sacramentos e nos comunicou o Espírito Santo. 6) Que tudo o que existe de bom neste mundo e no outro é obra do amor gratuito de Deus.

De que forma a Religião exprime essas realidades? – Por meio de palavras, gestos, orações e ritos (culto). O culto exterior é a expressão **visível** de nossas convicções **interiores**. Em síntese, a Religião exprime visivelmente o que é Deus para nós e o que nós somos para Deus.

Que tem a ver tudo isso com a Eucaristia? – Tudo tem a ver. Porque a Eucaristia é **o maior e melhor ato de culto** – de oração, de Religião – que podemos fazer, pois nela é o **próprio Jesus** quem ora conosco ao Pai. É com Jesus que, animados pelo Espírito Santo, nos dirigimos ao Pai e lhe exprimimos: 1) adoração, 2) gratidão, 3) louvor, 4) pedido de perdão, 5) pedido de graças. Esses são, como vimos, os **cinco atos fundamentais** do culto, da Religião.

De que forma expressamos esses cinco atos com Jesus? – Pela **fé**. Por meio dela, formamos com **Jesus como uma só Pessoa**. Assim, quando na celebração da Eucaristia pedimos perdão, quando adoramos, louvamos e agradecemos, quando pedimos graças, **é Jesus**, o Filho de Deus, que conosco pede perdão, adora, louva, agradece e pede dons ao Pai.

Que mais? – Quando se anuncia a Palavra, é Jesus que a anuncia por boca de seus ministros. Quando o celebrante apresenta as oferendas a Deus, é Jesus que as oferece conosco ao Pai. Quando o celebrante consagra o pão e o vinho, é Jesus que, pela ação do Espírito Santo, os transforma em seu Corpo imolado e Sangue derramado na cruz.

Há mais ainda? – Sim. Quando comungamos, é o Corpo e o Sangue de Cristo imolado e ressuscitado que recebemos e, dessa forma, tornamo-nos como uma só Pessoa com ele. Ao comungar a Eucaristia também entramos em comunhão com todos os que, vivos ou falecidos, estão unidos a Cristo pelo Batismo. **Pode haver maior e melhor Religião e culto do que a Eucaristia?**

Jesus preparou os apóstolos antes de instituir a Eucaristia? – Sim. Para isso, basta ler ***João*** 6,22-71. Observe particularmente as seguintes palavras de Jesus: "Eu sou o pão da vida. Quem vem a mim nunca mais terá fome, e quem crê em mim nunca mais terá sede" (*João* 6,35). Ainda: "Eu sou o pão da vida. Os vossos pais, no deserto, comeram o maná e morreram. Aqui está o pão que desce do céu, para que não morra quem dele comer. Eu sou o pão vivo que desceu do céu. Quem comer deste pão viverá eternamente. E o pão que eu darei é minha carne, para a vida do mundo" (*João* 22,48-51).

Jesus foi ainda mais explícito? – Sim. Ele disse: "Em verdade, em verdade vos digo: se não comerdes a carne do Filho do Homem, e não beberdes seu sangue não tereis a vida em vós mesmos. Quem come minha carne e bebe meu sangue tem a vida eterna, e eu o ressuscitarei no último dia. Com efeito, minha carne é verdadeira comida e meu sangue é verdadeira bebida. Quem come minha carne e bebe meu sangue permanece em mim, e eu, nele. Como o Pai, que vive, enviou-me e eu vivo pelo Pai, também o que comer de mim viverá por mim. Este é o pão que desceu do céu. Não é como o maná que os vossos pais comeram e morreram. Quem come deste pão viverá para sempre" (*João* 22,53-58).

Todos acolheram as palavras de Jesus? – Não. Alguns as consideraram absurdas e foram embora. Jesus, vendo isso, perguntou a seus apóstolos: "Jesus disse aos doze: 'Vós também quereis ir embora?' Simão Pedro respondeu: 'A quem iremos, Senhor? Só tu tens palavras de vida eterna'" (*João* 22,67-68). De fato, só conseguimos aceitar a Eucaristia **por causa da Palavra de Jesus**.

Quando foi que Jesus instituiu a Eucaristia? – Foi **na última ceia,** quando se reuniu com os doze apóstolos e celebrou a ceia pascal.

O que é a ceia pascal? – Para compreender a ceia pascal é preciso **lembrar a libertação do povo de Deus** da escravidão do Egito. Sobre isso é bom ler *Êxodo* 12,1-51. Em síntese: para comemorar a liberdade que o Faraó do Egito finalmente deu ao povo escolhido, Deus mandou que fosse celebrada uma ceia, na qual seria imolado, assado e comido um cordeiro. Essa ceia deveria ser repetida todos os anos em memória da libertação do Povo de Deus. Chamou-se, por isso, ceia "pascal". Leia em ***Números*** 28,16-25 a descrição de como devia ser celebrada a Páscoa.

Que significa "pascal"? – "Pascal" vem de "Páscoa" que, em hebraico, significa "passagem". Aqui propriamente se trata da passagem do anjo exterminador dos primogênitos, décima praga do Egito, conforme ***Êxodo*** 11,1-6. Mas há outros sentidos a considerar.

Quais outros sentidos pode ter a "Páscoa/passagem"? – Pelo menos mais quatro: 1) Passagem do Povo de Deus da escravidão para a liberdade. 2) Travessia (passagem) do Mar Vermelho (***Êxodo*** 14,1-31). 3) Marcha através (passagem) do deserto, onde Deus fez a Aliança (Dez Mandamentos) com seu povo (***Êxodo*** 19,1-25; 20, 1-26). 4) Entrada na Terra Prometida (***Josué*** 3,1-17). Tudo isso é **o Êxodo, fato fundamental** para o Povo de Deus. De tudo isso fazia memória a ceia pascal.

De que modo esses fatos estão presentes na última ceia de Jesus? – Jesus celebrou a ceia pascal conforme o ritual hebraico. Todo o contexto era de louvor e agradecimento a Deus pela criação e pela história da salvação, em particular pela libertação da escravidão do Egito. Depois se comia o cordeiro pascal, como na primeira Páscoa.

Houve alguma coisa de diferente na última ceia de Jesus? – Sim. Ao celebrar a última ceia, Jesus quis dar novo sentido à celebração da Páscoa. Aqui são três aspectos novos a considerar.

Qual é o primeiro aspecto? – Se a Páscoa dos judeus fazia memória da libertação da escravidão do Faraó do Egito (Êxodo e Passagem do Mar Vermelho), Jesus deu a sua Páscoa o significado de **libertação da escravidão do maligno, do pecado e da morte**.

Qual é o segundo aspecto? – Se a Páscoa dos judeus fazia memória da Aliança celebrada entre Deus e seu povo (Dez Mandamentos) junto ao Monte Sinai por meio de sacrifícios de carnes e sangue de animais, Jesus deu a sua Páscoa o significado de **Nova Aliança** (Novo Mandamento do Amor Fraterno e Lava-pés), por meio do sacrifício de seu próprio corpo pregado na cruz e de seu sangue nela derramado.

Qual é o terceiro aspecto? – Se na primeira Páscoa, celebrada por ocasião da libertação do Egito, foi imolado e comido um cordeiro, Jesus, em sua Páscoa, fez de si mesmo o cordeiro pascal, dando a comer aos apóstolos **seu próprio Corpo e Sangue**, que pouco depois seriam imolados na cruz.

Como foi que Jesus instituiu a Eucaristia na última ceia? – Diz São Mateus: "Enquanto estavam comendo, Jesus tomou o pão e pronunciou a bênção, partiu-o e deu-o aos discípulos, dizendo: 'Tomai e comei, isto é o meu corpo'. E tomando na mão o cálice, deu graças e passou-o a eles, dizendo: 'Bebei dele todos, pois este é o meu sangue da Nova Aliança, que é derramado em favor de muitos para o perdão dos pecados'". (***Mateus*** 26,26-28). Veja ***Marcos*** 14,22-25; ***Lucas*** 22,14-10.

Em síntese, qual é o sentido da Eucaristia? – Pela Eucaristia, Jesus substituiu o Antigo Testamento pelo Novo. Na Eucaristia, **tudo é novo**: Jesus é o novo Libertador; Jesus é o novo Cordeiro pascal; Jesus celebra uma nova Aliança; Jesus nos dá um novo Mandamento; Jesus faz de nós um novo Povo de Deus, a Igreja.

Ao celebrar a Eucaristia, que mais devemos ter presente? – Lembrar sempre que a Eucaristia significa **"ação de graças"**. Por ela, damos graças: 1) Ao Deus Criador, por toda a criação. 2) Ao Deus da História, por tudo o que ele fez pela humanidade. 3) Ao Deus de Israel, por tudo o que ele fez por Israel, seu povo preferido. 4) Ao Pai do céu, que enviou ao mundo seu Filho Jesus para salvá-lo. 5) Ao Pai e a Jesus, que nos comunicam a cada momento seu Espírito.

Há mais? – Sim. Oferecendo seu Corpo e Sangue como comida e bebida, Jesus se une **em profunda comunhão** com seus apóstolos, forma com eles uma só Pessoa. É essa comunhão, fruto da Eucaristia, que forma a **Igreja,** cuja lei fundamental é o Novo Mandamento do Amor e do Serviço Fraterno (Lava-pés).

Há relação entre a última ceia e o sacrifício da cruz? – A morte de Jesus na cruz foi seu maior ato de amor que salvou a humanidade. Jesus quis que esse ato salvador chegasse até cada um de nós. Com essa finalidade, é que instituiu a Eucaristia. Por ela, o sacrifício da cruz não se repete, mas se torna presente **aqui e agora** sob a forma de um rito de pão e vinho. Na prática, não há diferença entre a cruz e a última ceia.

Como é que a Eucaristia chegou até nós? – Jesus, na última ceia, disse aos apóstolos: "Fazei isto em memória de mim" (***Lucas*** 22,19). Eles cumpriram a ordem de Jesus. Em alusão ao rito da última ceia, chamavam a Eucaristia de **"Fração do Pão"**: "Eles eram perseverantes no ensinamento dos apóstolos, na comunhão fraterna, na fração do pão e nas orações... Partiam o pão pelas casas... louvavam a Deus..." (***Atos dos Apóstolos*** 2,42.46; 20, 7). Veja também ***1 Coríntios*** 11,17-34.

Como é celebrada hoje a Eucaristia? – A celebração eucarística ou Missa, hoje, consta basicamente de **quatro partes:** Introdução, Mesa da Palavra, Mesa do Sacrifício e Conclusão.

Como é a Introdução? – A Introdução consta de: 1) Pedido de perdão dos pecados (Ato Penitencial). 2) Louvor, adoração, gratidão a Deus (Hino de Louvor). 3) Pedido de graças (Oremos).

Como é a Mesa da Palavra? – A Mesa da Palavra consta de: 1) Palavra de Deus. 2) Homilia. 3) Profissão de Fé. 4) Oração da comunidade.

Como é a Mesa do Sacrifício? – A Mesa do Sacrifício consta de: 1) Apresentação das oferendas (Ofertório). 2) Oração eucarística. 3) Comunhão. 4) Ação de graças.

Como é a Conclusão? – A Conclusão consta de: 1) Bênção final. 2) Despedida da comunidade.

Como Jesus Cristo se torna presente sob a forma de pão e de vinho? – Esse é um grande mistério e um grande milagre. Jesus não está presente no pão e no vinho sob aparência humana; também não está presente "dentro" do pão e do vinho. A fé nos diz que está presente **de forma misteriosa, mas realíssima**: é ele mesmo, o próprio Jesus ressuscitado. (A teologia, para expressar esse mistério, usa o termo técnico "**transubstanciação**").

A hóstia é só o Corpo de Cristo e o vinho só o Sangue? – Não. Tanto no pão como no vinho consagrados está presente Jesus Cristo **todo inteiro** com seu Corpo, Sangue, sua Alma e Divindade. Essa é a fé da Igreja. Na Missa, o pão e o vinho são consagrados separadamente para tornar **mais visível** o sinal do Corpo entregue à morte e do Sangue derramado na cruz.

Como participar bem da Eucaristia? – Para bem participar da Eucaristia, precisamos de **grande fé**, arrepender-nos dos pecados, adorar, louvar e agradecer a Jesus todos os dons recebidos. Devemos também nos unir ao celebrante, quando reza em nome de todos, e participar com a comunidade nas orações e nos cantos.

Que mais se deve fazer? – É importante prestar muita atenção na Palavra de Deus e na Homilia: é o momento em que Deus fala por meio de Jesus. Na apresentação das oferendas, ofereçamos também nossa vida a Deus, tudo o que somos e fazemos. Na consagração, adoremos Jesus realmente presente sobre o altar. Na hora do Pai-nosso e da paz, perdoemos as ofensas que tivermos recebido e comunguemos reconciliados com Deus e com os irmãos.

Que mais ainda? – Recebamos o Corpo e o Sangue de Cristo com devoção e cuidado. Acolhamos Jesus em nosso coração e em nossa vida. Comprometamo-nos a viver como ele ensinou. Enfim, peçamos a ele tudo o que precisamos para nós e para os outros.

Agradeçamos-lhe tudo o que ele fez por nós. E voltemos para casa com o compromisso de amarmos mais os irmãos e estarmos mais dispostos a servir.

Qualquer pessoa pode comungar? – Não. Só pode comungar: 1) Quem crê que na Eucaristia está presente o próprio Jesus Cristo. 2) Quem estiver em estado de graça, isto é, sem pecado mortal (se a pessoa tiver algum pecado mortal, antes deve confessar-se ou pelo menos arrepender-se sinceramente e assumir o compromisso de oportunamente se confessar). 3) Quem se aproximar da Eucaristia com fé e devoção, não de qualquer maneira.

Existe obrigação de comungar? – Sim. A Igreja determina que se comungue **pelo menos uma vez por ano, durante o tempo pascal** (tempo que vai da Páscoa ao Pentecostes). O ideal, porém, é comungar frequentemente, de modo especial no domingo, Dia do Senhor.

Que tem a ver a Eucaristia com o domingo, Dia do Senhor? – O Dia do Senhor é o **dia próprio** para prestar culto a Deus. A melhor maneira de prestá-lo é celebrar a Eucaristia. É bom lembrar que o terceiro Mandamento da Lei de Deus manda "guardar os domingos e festas de guarda". Por isso faltar à Missa, sem motivo realmente grave, é violar esse Mandamento.

O que dizer da adoração eucarística? – Adorar Jesus eucarístico é um grande meio para **crescer na vida cristã**. Mas é preciso pôr-se na presença de Jesus de forma consciente; ouvir o que ele nos tem a dizer; oferecer-lhe nossa adoração, nosso louvor e nossa gratidão; também lhe pedir perdão de nossos pecados e as graças de que mais precisamos. A presença de Jesus eucarístico entre nós deve despertar o **compromisso cristão**, de modo especial o amor fraterno e o serviço aos irmãos.

Quer saber mais –
Veja o ***Catecismo da Igreja Católica***, n. 1322-1419.

II

OS SACRAMENTOS DE CURA

Quais são os sacramentos de Cura? – São os sacramentos da Penitência e da Unção dos Enfermos.

Qual é sua finalidade? – Nós somos frágeis e estamos sujeitos ao pecado, ao sofrimento, à doença e à morte. Jesus, médico de nossa alma e de nosso corpo, quis que sua Igreja continuasse, na força do Espírito Santo, sua obra de cura e salvação. Ela o faz por meio dos sacramentos de Cura.

Quer saber mais? –
Veja o ***Catecismo da Igreja Católica***, n. 1420-1321.

A PENITÊNCIA

O que é a Penitência? – Penitência é a atitude de **conversão**, que os verdadeiros discípulos de Jesus alimentam em seu coração ao longo de toda a sua vida.

O que é a conversão? – O seguidor de Jesus deve procurar ouvir e praticar sua Palavra, obedecer a seus Mandamentos, seguir seus exemplos. Como, porém, nunca é perfeito na prática do Evangelho, ele deve todos os dias arrepender-se, pedir perdão, tomar decisões de mudança de vida, rezar para obter a força divina de ser fiel e coerente: **tudo isso é conversão**.

Por que a Penitência é um dos setes sacramentos? – Porque Jesus quis fazer da **conversão do coração** um **meio de salvação**, a fim de nos comunicar o perdão dos pecados e a graça necessária para sermos fiéis ao Evangelho.

Esse sacramento tem também outros nomes? – Sim. Chama-se também sacramento da **Reconciliação**, porque, por ele, Jesus nos reconcilia com o Pai e com a Igreja; sacramento da **Confissão**, porque nele acusamos (confessamos) nossos pecados; sacramento da **Conversão**, porque por ele voltamos ao Pai; sacramento do **Perdão**, porque é por ele que o Pai nos perdoa.

Esse sacramento nos reconcilia também com a Igreja? – Sim. O pecado não só rompe a comunhão com Deus, como também com a Igreja, porque, ofendendo a Cristo, Cabeça da Igreja, ofende a todos os que estão unidos a Cristo pelo Batismo, isto é, os membros da Igreja.

Que atos fazem da Penitência um sacramento? – Os atos **essenciais** do sacramento da Penitência são o arrependimento, a acusação dos pecados, a decisão de conversão para uma vida mais de acordo com o Evangelho e a absolvição dos pecados.

Quem é o ministro do sacramento da Penitência? – Jesus confiou a seus apóstolos e sucessores – os bispos e os presbíteros (padres/sacerdotes) – o poder de perdoar os pecados.

De que forma é dado o perdão dos pecados? – Com estas palavras: "Deus, Pai de misericórdia, que, pela morte e ressurreição de seu Filho, reconciliou o mundo consigo e enviou o Espírito Santo para a remissão dos pecados, te conceda pelo ministério da Igreja o perdão e a paz. E eu te absolvo de teus pecados, em nome do Pai e do Filho e do Espírito Santo".

O que exige esse sacramento para ser bem recebido? – Exige: 1) Exame de consciência. 2) Arrependimento. 3) Acusação dos pecados (confissão). 4) Absolvição. 5) Satisfação.

O que é o exame de consciência? – O exame de consciência consiste em **comparar** a própria vida com a Palavra de Deus, em particular com os Mandamentos da Lei de Deus e o Evangelho de Jesus, e observar em que pontos falhamos: essas **falhas** são nossos "pecados".

Como fazer o exame de consciência? – Um método prático é ver se cumprimos os Mandamentos da Lei de Deus, as Bem-aventuranças (***Mateus*** 5,1-12), as Obras de Misericórdia (***Mateus*** 25,31-47) e os Mandamentos da Igreja.

O que é o arrependimento? – Pelo arrependimento, reconhecemos que desobedecemos a Deus, que o ofendemos, fomos ingratos para com ele, não demos atenção à Palavra de Jesus, ao Espírito Santo, à Igreja e a nossos irmãos. **"Sentimos dor"** por termos agido assim e pedimos a Deus que nos perdoe.

Como se arrepender sinceramente? – O arrependimento sincero – "perfeito" – é dom de Deus. É dado a quem invoca o Espírito Santo com humildade e pede que suscite no coração a dor pelos pecados cometidos, com a vontade de se converter.

Por que é "perfeito" esse arrependimento? – Porque sentimos dor **por ter ofendido** a Deus sumamente bom e Pai amoroso; a Jesus que, em seu amor por nós, morreu na cruz; ao Espírito Santo, que mora em nosso coração.

Há também um arrependimento "imperfeito"? – Sim. É a dor pelos pecados cometidos, mais por **medo** de nossa condenação do que por **amor** a Deus, que ofendemos. É, portanto, um arrependimento um tanto interesseiro, embora também seja salutar.

Arrependimento "perfeito" ou "imperfeito" é a mesma coisa? – Não. O arrependimento perfeito nos alcança de Deus o perdão **imediato** dos pecados (continua, porém, a obrigação de acusá-los no sacramento da Penitência, pois Jesus ligou o perdão dos pecados a esse sacramento e, enquanto sacramento, ele pede que os pecados e o arrependimento sejam manifestados de forma visível). Por sua vez, o arrependimento imperfeito só nos obtém o perdão se for **junto com** o sacramento da Penitência.

Que é a acusação dos pecados? – A acusação dos pecados consiste em **relatar ao confessor** todos os pecados cometidos e dos quais temos lembrança, de modo especial os pecados graves ou mortais. É bom acusar também os pecados veniais, pelo menos os mais importantes.

Por que é preciso acusar-se dos pecados? – Porque o padre precisa **avaliar** a gravidade do mal praticado e a sinceridade do arrependimento do pecador. Se, por infelicidade, o confessor constatar que não há condições para dar a absolvição, deverá explicar ao penitente como deve agir para obter o perdão dos pecados.

Por que deve ser assim? – Porque essa é a **vontade de Jesus**. Depois da ressurreição, ele disse aos apóstolos: "A quem perdoardes os pecados, eles lhes serão perdoados; a quem os retiverdes, eles lhes serão retidos" (***João*** 20,23). Portanto, o padre, para absolver ou não, deve primeiro **conhecer** a situação do penitente.

O que são pecados mortais? – Mortais são os pecados que causam em nós a **"morte" da vida divina**, porque ofendem gravemente a Deus e rompem nossa amizade com ele. Morrer em pecado mortal, sem arrependimento, seria perder a Deus para sempre, condenar-se para sempre.

O que são pecados veniais? – Veniais são os pecados que **não** ofendem a Deus **com gravidade,** não nos afastam dele e não merecem condenação eterna. São, porém, ofensas das quais também precisamos nos arrepender e pedir perdão, porque são sempre ofensas a Deus.

Quando acontece um pecado? – Para haver um pecado, é preciso que se tenha **consciência** do mal que se vai praticar e **vontade** de praticá-lo. Aqui é bom lembrar que cada um de nós tem a obrigação grave de **formar** a própria consciência para discernir o bem do mal.

Como formar a própria consciência? – Procurando **conhecer** a vontade de Deus, sua Palavra, ouvindo a voz da Igreja, frequentando a Catequese, enfim, procurando saber o que é bom e agradável a Deus. Quem descuida da formação da própria consciência torna-se culpado diante de Deus, pois não dá atenção à voz de seu Criador, Pai e Senhor.

O que é a absolvição? – A absolvição é o perdão dos pecados que o confessor, em nome de Deus, concede ao penitente, depois de ter ouvido a acusação de seus pecados e de ter-se certificado de que ele está de fato arrependido. Se não houver arrependimento e decisão de mudar de vida, é inútil a Confissão...

O que é a satisfação? – A satisfação (chamada também "penitência") é um compromisso (oração, boa obra etc.) que o confessor determina para ajudar o penitente a retomar o bom caminho e também para reparar o mal praticado, ao violar a vontade de Deus.

O sacramento da Penitência não é humilhante? – Pelo contrário, ele é **fonte de alegria**. É o reencontro do filho faltoso com o Pai misericordioso; com Jesus, bom Pastor, que vai em busca da ovelha perdida; com o Espírito Santo, que purifica o coração e santifica a pessoa. Por sua vez, acusar os próprios erros a um amigo é até uma exigência do ser humano: não é o que fazemos quando estamos tristes ou alegres? Jesus, pelo sacramento da Penitência, transformou essa **necessidade humana** em meio de salvação.

Que atitude devemos tomar após a Confissão? – Cheios de alegria porque nosso Pai nos perdoou, devemos tomar a **decisão** de procurar não ofender mais a Deus.

Como nos ajudar a cumprir essa decisão? – Um meio excelente é o **exame de consciência diário**, sobretudo antes de deitar, acompanhado do arrependimento pelas faltas cometidas e da decisão de esforçar-nos mais para não ofender a Deus.

Há algum outro meio a aconselhar? – É recomendável a **confissão frequente**, isto é, a cada um ou dois meses, mesmo que não tenhamos pecados mortais. O sacramento da Penitência sempre **aumenta** em nós a vida divina e nos **dá forças** para vencer o pecado.

Confessar os pecados ou confessar o pecador? – É comum confessarmos os pecados, como quem recita uma lista de "coisas" que estão fora de nós e que, às vezes, "entram" dentro de nós. Os pecados não existem sozinhos; nós é que, ao pecar, **nos tornamos pecadores**. No sacramento da Penitência, vamos ao encontro de Jesus misericordioso e lhe dizemos: "reconheço que **sou pecador**, por isso estou aqui para pedir perdão e prometer mudar de vida".

Quer saber mais? –
Veja o ***Catecismo da Igreja Católica***, n. 1422-1498.

A UNÇÃO DOS ENFERMOS

O que é a Unção dos Enfermos? – É um dos sete sacramentos, pelo qual Deus vem em socorro dos **doentes**.

De que forma esse sacramento socorre os doentes? – A Unção dos Enfermos alivia o sofrimento, perdoa os pecados e, se for vontade de Deus, também proporciona cura da doença.

A Bíblia fala desse sacramento? – Sim. Veja o que diz São Tiago: "Alguém dentre vós está doente? Mande chamar os presbíteros [padres/sacerdotes] da Igreja, para que orem por ele, ungindo-o com óleo no nome do Senhor. A oração da fé salvará o enfermo, e o Senhor o reerguerá. E, se tiver cometido pecados, receberá o perdão" (***Tiago*** 5,14-15).

Esse sacramento foi instituído por Jesus? – Sim. Prova disso é o testemunho de São Tiago que manda ungir os doentes "em nome do Senhor".

Jesus mandava ungir os doentes? – Sim. São Marcos diz a respeito dos apóstolos enviados a pregar: "Saindo, eles começaram a anunciar, a fim de que o povo se arrependesse. Expulsavam muitos demônios, ungiam com óleo numerosos enfermos e faziam curas" (***Marcos*** 6,12-13). Jesus, de fato, deu a eles essa ordem: "Curai enfermos" (***Mateus*** 10, 8). E, depois da ressurreição, referindo-se aos apóstolos, disse: "Quando impuserem as mãos sobre os enfermos, estes ficarão curados" (***Marcos*** 16,18).

Por que antigamente se dizia "Extrema-Unção"? – Porque havia o costume – errôneo – de administrar esse sacramento só a quem estava para morrer: daí o nome de "extrema" – última – unção.

Para quem é de fato a Unção dos Enfermos? – A Unção dos Enfermos, como as palavras dizem, é para os **"enfermos"**, isto é, para quem está doente.

Para que tipo de doente? – Não é para qualquer doença sem importância... É para quem está **seriamente doente**, mesmo que não corra risco de vida. Também é para quem está muito idoso.

E para quem está desenganado? – Também se destina a doentes desenganados, sobretudo a fim de que tenham força, paciência e coragem em suportar a doença e se preparar para o encontro com Deus.

Quem pode administrar o Sacramento da Unção dos Enfermos? – Só os presbíteros, como diz São Tiago, isto é, os padres/sacerdotes.

Quando se deve chamar o padre? – Quando a doença é **séria**. Muitos deixam para chamá-lo no último momento, com medo de assustar o doente. É preciso superar essa mentalidade. A Unção dos Enfermos pede a Deus a recuperação da saúde: como pedi-la, se a pessoa está morrendo?

De que modo superar essa forma de agir? – É preciso tomar consciência de que Jesus, em sua preocupação por nós, preparou um sacramento específico **para nos confortar nas doenças**.

Como é administrada a Unção dos Enfermos? – O celebrante usa um óleo abençoado para essa finalidade pelo bispo na Quinta--feira Santa e unge o doente na fronte e nas mãos enquanto reza: "Por esta santa Unção e pela sua piíssima misericórdia, o Senhor venha em teu auxílio com a graça do Espírito Santo, para que, liberto de teus pecados, ele te salve e, em sua bondade, alivie teus sofrimentos".

Antes de ungir o doente, o que se deve fazer? – É importante o doente, primeiro, receber os sacramentos da Reconciliação e da

Eucaristia. De fato, a Unção dos Enfermos é um sacramento a ser dado a quem **está na** graça de Deus, embora ela perdoe os pecados, se o doente estiver impossibilitado de confessar-se. É claro que, do ponto de vista pastoral, convém dispor o doente a acolher sem receio a visita do padre.

Como agir nesse caso? – Se o doente estiver consciente, o celebrante o convida a arrepender-se e lhe dará a absolvição. Se não estiver consciente, ele o absolverá assim mesmo, na suposição de que quem foi bom cristão certamente deseja receber o perdão dos pecados. Em caso de dúvida, dará a absolvição sob condição.

A Unção dos Enfermos pode ser recebida mais vezes? – Sim, se a pessoa voltar a ficar seriamente doente. Pode recebê-la de novo até durante a mesma doença, se ela se agravar.

Qual é o sentido do sacramento da Unção dos Enfermos? – Por esse sacramento, a Igreja inteira entrega os doentes **aos cuidados de Jesus sofredor**, para que os alivie e os salve. A Igreja também convida os enfermos a que **se unam a Jesus Crucificado** e ofereçam seus sofrimentos pela salvação do mundo.

Jesus, então, preocupou-se com os doentes? – Muito. Os Evangelhos estão repletos de episódios de curas de doentes pela imposição das mãos de Jesus ou por meio de outros sinais. Jesus curou doentes até mesmo a distância.

Por que Jesus se preocupou com os doentes? – Porque a doença e o sofrimento estão entre os problemas mais graves da vida, levam a pessoa à angústia, a fechar-se sobre si mesma e até ao desespero. É uma hora em que ela precisa muito da ajuda de Deus. Por outro lado, a doença pode também ajudá-la a dar maior valor às coisas essenciais e a amadurecer na fé e na esperança.

O que mais Jesus fez pelos doentes? – Não só curou muitos deles, como também enfrentou o sofrimento da paixão e da morte na cruz. Dessa forma, tornou-se **solidário** com o sofrimento de todas as pessoas antes dele e depois dele. Sofrendo, Jesus deu **novo sentido** ao sofrimento. Pelo sofrimento, nós podemos tornar-nos mais semelhantes a Ele.

Qual é o principal efeito da Unção dos Enfermos? – A Unção dos enfermos confere **especial dom do Espírito Santo**, dom que é graça de reconforto, paz, coragem, confiança em Deus e de força para vencer o desânimo, a angústia diante da morte e outras tentações.

Produz ainda outros efeitos? – A Unção dos Enfermos até contribui para recuperar a saúde, se for da vontade de Deus, como muitas vezes tem acontecido. Em caso de perigo de vida, ela prepara o doente à passagem deste mundo para o Pai.

Qual é o sacramento para o momento da morte? – É a Eucaristia. Ao partirmos deste mundo, é Jesus na Eucaristia quem nos vem acompanhar: ele em pessoa nos leva de volta para o Pai.

Quer saber mais? –
Veja o ***Catecismo da Igreja Católica***, n. 1499-1532.

III

OS SACRAMENTOS DO SERVIÇO E DA COMUNHÃO

Quais são os sacramentos do Serviço e da Comunhão? – São os sacramentos da Ordem e do Matrimônio.

Por que são chamados assim? – Porque se destinam à salvação **dos outros**. Contribuem, sem dúvida, para a salvação pessoal, mas isso acontece por meio do **serviço** aos outros. Conferem uma consagração e missão particulares na Igreja e servem para a edificação do Povo de Deus.

Como é essa consagração pelo sacramento da Ordem? – O Batismo e a Crisma nos conferem um tipo de "consagração" que faz de nós um povo de sacerdotes, profetas e reis/pastores, à imagem do próprio Cristo. Esse "sacerdócio" dos batizados/crismados – chamado **sacerdócio comum** porque é de todos os batizados – destina-se a prestar a Deus um **culto espiritual**, que consiste na oferta a Deus de nossa vida. O sacramento da Ordem confere a alguns batizados/crismados uma **consagração específica**, que consiste no **sacerdócio ministerial**, o qual é diferente **por essência** do sacerdócio comum e que está a serviço deste. De fato, os ordenados são consagrados para ser, em nome de Cristo, pela palavra e pela graça de Deus, os **pastores da Igreja**.

Como é essa consagração pelo sacramento do Matrimônio? – Os que recebem o sacramento do Matrimônio são fortalecidos e como que "consagrados" para cumprir dignamente os **deveres de casados no Senhor**. Também nesse caso essa "consagração" desabrocha a partir do sacerdócio comum dos batizados/crismados.

Quer saber mais? –
Veja o ***Catecismo da Igreja Católica***, n. 1533-1535.

A ORDEM

O que é a Ordem? – A Ordem é um sacramento pelo qual a missão confiada por Cristo aos apóstolos continua a ser exercida na Igreja até o fim dos tempos. A Ordem é o sacramento do **ministério** que os apóstolos exerceram em nome e com a autoridade de Cristo.

Por que se chama "Ordem"? – Porque esse sacramento integra o ordenado em um "grupo" específico de pessoas –, em latim se diz "ordo", isto é, "ordem" – às quais se confiava uma determinada missão.

Quais são esses grupos ou essas ordens? – O primeiro grau é o Diaconado, o segundo o Presbiterado, o terceiro o Episcopado. Essas três "ordens" – quase como "degraus" – formam um **único** sacramento da Ordem.

Como é feita a integração em um desses grupos? – Alguém começa a participar de uma dessas três ordens por meio de um rito chamado precisamente "ordenação".

Como é feita essa ordenação? – É um rito pelo qual se confere o dom do Espírito Santo, que permite exercer poderes sagrados que derivam do próprio Cristo por meio da Igreja.

Quem e como faz a ordenação? – O bispo, sucessor dos apóstolos. A ordenação se faz pela imposição das mãos, acompanhada de uma oração de consagração da pessoa escolhida para exercer o ministério em determinado grau. Nisso consiste o sacramento da Ordem.

No Antigo Testamento existia o sacerdócio? – Existia e era exercido por uma das doze tribos de Israel, a tribo de Levi.

Como era o sacerdócio da Antiga Aliança? – No Antigo Testamento, o sacerdócio "representa o povo em suas relações com Deus, para oferecer dons e sacrifícios pelos pecados" (***Hebreus*** 5,1). Esses "dons e sacrifícios" do Antigo Testamento consistiam em oferendas de coisas materiais (dons) e de imolação de animais (sacrifícios). Como, porém, esses dons e sacrifícios não tinham propriamente o poder de perdoar os pecados e de santificar, deviam ser continuamente **repetidos**. De fato, o sacerdócio da Antiga Aliança era **provisório** e só **prefigurava** o **único e definitivo** sacerdócio de Cristo.

E como é o sacerdócio de Cristo? – O Filho de Deus, ao se fazer Homem, tornou-se também o Sumo e Eterno Sacerdote. Em Jesus se realizaram as prefigurações do sacerdócio da Antiga Aliança. São Paulo ensina: "Há um só Deus e **um só mediador** entre Deus e a humanidade, o homem Cristo Jesus" (***1 Timóteo*** 2,5); "por esta **única oblação**, levou à perfeição definitiva os que são por ele santificados" (***Hebreus*** 10,14): essa única oferenda foi seu **sacrifício na cruz**, realizado uma vez por todas, portanto, **sem necessidade de repetição**.

Se não se repete, como o sacrifício de Jesus nos santifica? – O único sacrifício de Jesus torna-se presente **aqui e agora** por meio da Eucaristia instituída por Ele na última ceia e que mandou repetir "em sua memória" (***Lucas*** 22,19). Repete-se o **rito**, não se repete o sacrifício de Jesus na cruz, que, como dissemos, **é único**. Também o único sacerdócio de Jesus se torna presente **aqui e agora** por meio do sacerdócio ministerial. Portanto só Cristo é sacerdote por si mesmo; os padres/presbíteros e os bispos são sacerdotes por participação.

Todos os batizados participam do sacerdócio de Jesus? – Cristo, sumo sacerdote e único mediador, "fez de nós um reino, sacerdotes para seu Deus e Pai" (***Apocalipse*** 1,6). Portanto, **todos os batizados** são sacerdotes e exercem seu sacerdócio ao participar da missão de Cristo Sacerdote. É o Batismo e a Crisma que consagram os fiéis para serem sacerdotes. O sacerdócio dos fiéis é chamado de sacerdócio **comum**, pois é de todos os batizados.

O sacerdócio dos batizados é o mesmo que o dos bispos e padres? – Não. Há uma diferença **essencial** entre eles. O sacerdócio comum é fruto da graça do Batismo, da vida de fé, esperança e caridade, da vida segundo o Espírito. Ao passo que o sacerdócio ministerial está **a serviço do sacerdócio comum**, a fim de promover o desenvolvimento da graça do Batismo em todos os fiéis. O sacerdócio ministerial é um dos meios de que Jesus se serve para construir e conduzir sua Igreja; está a serviço dela: "ministério" significa exatamente "serviço".

Pode-se explicar melhor essa diferença? – No serviço que o ministro ordenado presta à Igreja é **o próprio Cristo** que está presente **como Cabeça** de seu Corpo, Pastor de seu rebanho, Sumo Sacerdote do sacrifício redentor, Mestre da Verdade. É por isso que se diz que o sacerdote age **em nome da pessoa** de Cristo-Cabeça.

Cristo, então, torna-se presente na Igreja por meio dos ministros? – Sim. São eles que tornam **visível**, de certa forma, a presença de Jesus na Igreja. Eles são **sinais** da presença de Jesus. Isso não significa que sejam imunes a falhas pessoais; o que nunca falha neles é a presença de Jesus e a eficácia dos sacramentos administrados por eles, mesmo que sejam indignos.

Os sacerdotes dispõem de poderes sagrados? – Sim. Os sacerdotes dispõem **dos poderes do próprio Cristo**, isto é, do poder de anunciar a Palavra, de santificar por meio dos Sacramentos e de pastorear o Povo de Deus. Esses poderes sagrados, todavia, devem ser usados somente em favor da Igreja e da humanidade, nunca esquecendo que se trata de um **serviço**. Seu ministério, portanto, deve tomar como modelo Cristo, que, por amor, se tornou o servo de todos.

Que relação há entre o sacerdócio ministerial e a Igreja? – O sacerdócio ministerial, além de agir em nome de Cristo, age também

em nome da Igreja, quando oferece a Deus a oração da Igreja e, em particular, o sacrifício eucarístico. Isso se dá porque o sacerdócio, representando Cristo-**Cabeça,** representa também o **Corpo** de Cristo, que é a Igreja.

Quem exatamente participa do sacerdócio de Cristo? – Dos três graus do sacramento da Ordem, o Episcopado e o Presbiterado participam do sacerdócio de Cristo; o Diaconado destina-se a ajudá-los e servi-los; faz parte do sacramento da Ordem, mas não é sacerdócio.

Que é a Ordem do Episcopado? – O Episcopado é a **plenitude** do sacramento da Ordem. Por ele, o bispo recebe o Espírito Santo e se torna sucessor dos apóstolos. De fato, o bispo torna presente de maneira visível o próprio Cristo Mestre, Pastor e Sacerdote (Pontífice). Cabe a ele, portanto, mais do que a outros, ser o anunciador da Palavra de Deus, ser o celebrante por excelência dos sacramentos, em particular da Eucaristia, e o pastor que preside ao Povo de Deus na caridade e o reúne na unidade.

O Episcopado é alguma coisa de individual? – Absolutamente não. Pelo contrário, ser bispo é ser constituído **membro do corpo episcopal**, ou seja, do colégio dos bispos, sucessor do colégio dos apóstolos. É para expressar essa verdade que, para ordenar um bispo, requer-se a presença de pelo menos outros três bispos. Além disso, é indispensável especial intervenção do bispo de Roma, o Papa, que é o sucessor do apóstolo Pedro, chefe do colégio apostólico.

O que se confia a um bispo? – Cada bispo, enquanto faz as vezes de Cristo, tem o encargo pastoral de uma **Igreja particular** (diocese) que lhe foi confiada. Ao mesmo tempo, porém, enquanto sucessor dos apóstolos, tem, junto com seus irmãos bispos (colegialmente), responsabilidade pela Igreja inteira.

O que á a Ordem do Presbiterado? – O Presbiterado é o segundo grau do sacramento da Ordem. Por ele, os presbíteros (padres/sacerdotes) recebem especial dom do Espírito Santo, enquanto **colaboradores** da ordem episcopal, para cumprirem a missão de Cristo confiada aos apóstolos.

O Presbiterado é muito diferente do Episcopado? – Só em parte. Os presbíteros, embora não possuam a plenitude do sacerdócio e, no exercício dos poderes sagrados, dependam dos bispos, são verdadeiros sacerdotes, consagrados segundo a imagem de Cristo sacerdote para pregar o Evangelho, apascentar o rebanho de Deus e celebrar o culto divino.

A missão dos presbíteros é restrita a uma Igreja particular? – Não. Embora estejam ligados a uma Igreja particular (diocese) e a um determinado bispo, sua missão é tão ampla como a de Jesus e dos apóstolos.

O Presbiterado é individual? – Não, de modo nenhum. Pelo sacramento da Ordem, os presbíteros estão ligados entre si por uma íntima fraternidade sacramental. De modo particular, formam **um só presbitério** com seus irmãos de ordenação e com seu bispo. Assim, a missão dos presbíteros deve ser cumprida colegialmente, em conjunto.

De que maneira se exprime essa colegialidade? – Na ordenação presbiteral, após a imposição das mãos do bispo ordenante, todos os presbíteros presentes também impõem as mãos, exatamente para expressar a verdade da dimensão colegial do presbiterado.

O que é a Ordem do Diaconado? – O Diaconado é o grau inicial do sacramento da Ordem. Por ele, a pessoa recebe especial dom do Espírito Santo, não em função do sacerdócio, mas do **ministério**, ou seja, do serviço.

A quem é configurado o diácono? – Pelo sacramento da Ordem, o diácono é configurado a Cristo **servidor** de todos.

De que tipo de serviço se trata? – Entre outros serviços, o diácono ajuda o bispo e os padres na celebração dos sacramentos, particularmente da Eucaristia, proclama o Evangelho e prega a Palavra de Deus, distribui a comunhão, assiste ao Matrimônio e o abençoa, preside os funerais e consagra-se aos diversos serviços da caridade.

Quem instituiu o sacramento da Ordem? – O próprio Jesus. Ao longo do tempo em que ele pregou o Reino de Deus, escolheu doze apóstolos, formou-os e, na última ceia, comunicou-lhes seu próprio sacerdócio. Depois de instituir o sacramento da Eucaristia, Jesus acrescentou: "Fazei isto em memória de mim" (***Lucas*** 22,19). A Igreja sempre entendeu essas palavras como o **momento da instituição** do sacramento da Ordem.

Foi assim que os apóstolos entenderam as palavras de Jesus? – Sim. Veja o que diz São Lucas: "(Os primeiros discípulos) eram perseverantes no ensinamento dos apóstolos, na comunhão fraterna, na fração do pão (= Eucaristia) e nas orações" (***Atos dos Apóstolos*** 2,42). E São Paulo explicita: "O cálice da bênção, que abençoamos, não é comunhão com o sangue de Cristo? E o pão que partimos não é comunhão com o corpo de Cristo?" (***1 Coríntios*** 10,16). Ainda: "Eu recebi do Senhor o que também vos transmiti. Na noite em que ia ser entregue, o Senhor Jesus tomou o pão e, depois de dar graças, partiu-o e disse: 'Isto é o meu corpo entregue por vós. Fazei isto em memória de mim'. Do mesmo modo, depois da ceia, tomou também o cálice, dizendo: 'Este cálice é a nova aliança no meu sangue. Todas as vezes que dele beberdes, fazei-o em memória de mim'" (***1 Coríntios*** 11,23-25).

E como é que o sacramento da Ordem chegou até nós? – Os apóstolos o transmitiram a seus sucessores e assim até os dias de hoje.

De que modo o transmitiram? – Pela imposição das mãos e pela oração, invocando o Espírito Santo.

Hoje, como é comunicado o sacramento da Ordem? – Da mesma forma. O rito essencial para a ordenação de bispos, presbíteros e diáconos consta da imposição das mãos e da oração consecratória.

Quem pode conferir o sacramento da Ordem? – Cristo escolheu os apóstolos e os tornou participantes de sua missão e autoridade. Antes de voltar ao Pai, confiou a eles sua mesma missão, e estes a confiaram a seus sucessores, os bispos. São os **bispos**, portanto, que transmitem a sucessão apostólica e o ministério. Em última análise, porém, como diz São Paulo, é sempre Cristo que "a alguns concedeu serem apóstolos... a outros, pastores e mestres..." (***Efésios*** 4,11).

Quem pode receber o sacramento da Ordem? – O Catecismo da Igreja Católica ensina: "Só um varão batizado pode receber validamente a ordenação sagrada. O Senhor Jesus escolheu homens para formar o colégio dos doze apóstolos, e os apóstolos fizeram o mesmo quando escolheram colaboradores que seriam sucessores na missão... A Igreja se reconhece vinculada por essa escolha do próprio Senhor" (***Catecismo da Igreja Católica***, n. 1577).

Pode-se ter "direito" ao sacramento da Ordem? – "Ninguém tem o direito de receber o sacramento da Ordem. De fato, ninguém pode arrogar-se a si mesmo este cargo... Como toda graça, este sacramento não pode ser recebido a não ser como dom imerecido" (***Catecismo da Igreja Católica***, n. 1578; veja ***Hebreus*** 5,4).

Qual é a graça própria do sacramento da Ordem? – A graça do Espírito Santo própria desse sacramento é a da **configuração** a Cristo Sacerdote, Mestre e Pastor, do qual o homem ordenado é constituído ministro.

Essa graça é idêntica para os três graus da Ordem? – Não. Bispos, presbíteros e diáconos recebem o sacramento da Ordem, mas para cada grau ele acrescenta algo **específico,** a fim de que o ordenado possa cumprir a missão que lhe cabe na Igreja.

O sacramento da Ordem produz mais algum efeito? – Sim. Imprime o "**caráter**", isto é, uma "**marca**" espiritual que configura o ordenado a Cristo-Cabeça da Igreja, para cumprir sua missão de sacerdote, profeta e rei/pastor. Como no caso do Batismo e da Crisma, o caráter é **indelével**, não é destruído nem mesmo pelo pecado mais grave.

Quer saber mais? –
Veja o ***Catecismo da Igreja Católica***, n. 1536-1600.

O MATRIMÔNIO

Como preparar-se para o Matrimônio? – A primeira coisa é crer na Palavra de Deus e particularmente no Matrimônio **tal como a Palavra de Deus** nos ensina.

Por quê? – Porque há **muita diferença** entre o Matrimônio de acordo com o pensamento, a vontade de Deus e o casamento como é entendido por muitas pessoas e, pior ainda, como é proposto por muitos meios de comunicação.

Qual é o fato fundamental que constitui o Matrimônio? – É o **ato de vontade** pelo qual um homem e uma mulher estabelecem entre si uma **aliança irrevogável**, entregam-se e se recebem mutuamente, com o objetivo de constituir a **comunhão de vida conjugal**.

Como é o Matrimônio de acordo com o plano de Deus? – Deus é o autor do Matrimônio. Deus quer que ele seja: 1) Por verdadeiro amor. 2) Entre um homem e uma mulher. 3) Entre um só homem e uma só mulher. 4) Com a intenção de ficarem unidos até o fim da vida. 5) Para se complementarem mutuamente como pessoas. 6) Aberto à vida, isto é, à geração de filhos.

Qual o sentido dessas exigências? – Deus não brinca com o amor e com as pessoas. Ele leva suas criaturas a sério. A Bíblia diz que Deus criou o homem e a mulher "à sua imagem e semelhança" (***Gênesis*** 1,26). Diz ainda que "Deus é Amor" (***1 João*** 4,8). Portanto Deus criou o homem e a mulher por amor e também os chamou para o amor. O amor é **a vocação fundamental** do ser humano. O Matrimônio só pode ser por amor.

Que é o amor? – Da resposta a essa pergunta depende tudo o que se refere ao Matrimônio. Para alguns amor é sexo. Para outros é divertimento. Para outros ainda é satisfazer os próprios interesses ou as próprias conveniências. Algumas pessoas o consideram um passatempo romântico ou sensual. Outras pensam amar, mas só exploram os sentimentos alheios ou o corpo, o dinheiro ou as riquezas da outra pessoa. Nada disso é verdadeiro amor.

Como é o verdadeiro amor? – O verdadeiro amor **imita o Amor, que é Deus**, o amor de Deus para conosco. Especialmente **o amor de Jesus** para nos salvar, a ponto de morrer por nós. O verdadeiro amor procura o bem da outra pessoa para fazê-la feliz. É por isso que Jesus, na última ceia, disse: "Este é meu mandamento que vos ameis uns aos outros, assim como eu vos amei. Ninguém tem maior amor do que aquele que dá a própria vida por seus amigos" (***João*** 15,12-13).

Amar como Jesus amou? – Sim. Jesus não disse só "amai-vos uns aos outros", menos ainda disse "amai-vos de qualquer jeito", mas disse **"como eu vos amei"**. Portanto Ele se apresenta como modelo do verdadeiro amor. Amar como Deus ama e quer que amemos é viver para os outros, servi-los, buscar a felicidade dos outros, até mesmo dar a vida pelos outros.

Amar assim não é difícil demais? – Amar assim exige muita generosidade, muita doação, muita compreensão, muita capacidade de perdão mútuo. Há, porém, muitos casais que vivem assim. Terão defeitos, cometerão falhas, até graves; apesar disso, muitos casais vivem o verdadeiro amor.

Como é que Deus ama? – Nosso Deus não é solitário, é um **Deus-Família**. Ele é Pai, que tem um Filho; e o amor que o Pai dá ao Filho e o Filho dá ao Pai é tão perfeito que se torna uma Pessoa, o Espírito Santo. Assim, em Deus há uma contínua corrente de amor entre as três Pessoas divinas. O Pai está todo voltado para o Filho, o Filho está todo voltado para o Pai, e o Espírito Santo mantém Pai e Filho voltados um para o outro. Esse é o grande mistério da Santíssima Trindade. É difícil para nós, criaturas, entendermos esse mistério, mas assim é nosso Deus e é assim que a Bíblia nos fala de Deus.

Que tem isso a ver com o Matrimônio e a Família? – O amor entre o homem e a mulher, entre os pais e os filhos, entre os filhos e os pais e dos filhos entre si deve **exprimir de forma humana** o amor da Santíssima Trindade. A família humana é convidada a ser a expressão visível da Família Trinitária.

O amor no Matrimônio seria um reflexo do amor de Deus? – Sim. De fato, na experiência humana, nada há de mais belo e mais profundo do que o amor. Na Bíblia, quando Deus queria fazer compreender seu povo o amor que lhe dedicava, usava o amor matrimonial como símbolo: Deus era o "marido" e Israel era sua "esposa". Se Israel se afastava de Deus, Deus chamava-o de "esposa infiel". Deus, porém, jamais falhou em sua fidelidade. Assim deve ser o verdadeiro amor no Matrimônio.

E Jesus Cristo? – Jesus viveu em seu corpo e em sua alma seu amor por todos, particularmente pela Igreja, como um esposo que dá a vida pela própria esposa. Ele não disse: "Ninguém tem maior amor do que aquele que dá a própria vida por seus amigos" (***João*** 15,13)? De fato, ele morreu por todos nós. É por isso que São Paulo recomenda aos maridos: "Maridos, amai vossas mulheres, como Cristo também amou a Igreja e se entregou por ela" (***Efésios*** 5,25).

Então isso é o verdadeiro amor? – Sim. Portanto, para que um Matrimônio seja como Deus deseja, é preciso esforçar-se para **amar como Deus ama e como Jesus Cristo ama**. Digo "esforçar-se", porque nós não conseguimos amar com a mesma perfeição de Deus. Para isso que recebemos o Espírito Santo, que é o Amor do Pai e do Filho; vindo a nosso coração, ele nos ajuda a amar como Deus quer que se ame, segundo o modelo do amor de Jesus. Por isso a **melhor preparação** para o Matrimônio deveria acontecer na família, a **educação para o verdadeiro amor**.

Que pessoas podem e devem amar-se assim no Matrimônio? – Segundo o plano de Deus, no Matrimônio se dá o amor **entre um homem e uma mulher**. A Bíblia diz: "Deus criou o ser humano à sua imagem, à imagem de Deus o criou, homem e mulher os criou. E Deus os abençoou e disse-lhes: 'Sede fecundos, enchei a terra e submetei-a'" (*Gênesis* 1,27-28). E mais: "Por isso, o homem deixará seu pai e sua mãe e se unirá a sua mulher, e eles se tornarão uma só carne" (*Gênesis* 2,24). A Palavra de **Deus não conhece e não reconhece** outro tipo de união matrimonial.

É possível casar com mais de um homem ou de uma mulher? – Não. A poligamia (ter várias mulheres) e a poliandria (ter vários homens) não estão nos planos do Criador. São coisas contrárias ao verdadeiro amor e desrespeitam profundamente a pessoa do cônjuge. A Palavra de Deus ensina a **"unidade"** do Matrimônio, isto é, um homem só com uma só mulher. Veja ***Gênesis*** 4,19; 26,34; 28,9; 30,3.

É possível casar só por um tempo? – Não. Não é possível aprovar o divórcio. A Palavra de Deus ensina a **"indissolubilidade"** do Matrimônio, isto é, que ele não pode ser desfeito a não ser pela morte. Os motivos são os mesmos do item anterior. Deus disse: "Eles se tornarão uma só carne" (***Gênesis*** 2,24). E Jesus, ao lembrar essas palavras da Bíblia, acrescentou: "Não separe o homem o que Deus uniu" (***Mateus*** 19,6). Veja ***Gênesis*** 2,21-24; ***Deuteronômio*** 24,1-14; ***Mateus*** 19,3-9; ***Marcos*** 10,2-12; ***Lucas*** 16,18; ***Romanos*** 7,1-3; ***1 Coríntios*** 7,1-11.39.

Qual é a razão de exigências tão radicais? – É que a plenitude do amor matrimonial envolve **todas as dimensões** da pessoa: o corpo, o instinto, os sentimentos, a afetividade, a vontade, a dimensão psicológica e a dimensão espiritual. O amor conjugal exige que marido e mulher participem com a totalidade de seu ser, buscando cada qual a **totalidade e a profundidade** da pessoa do outro e a **unidade** de um só coração e uma só alma. O amor matrimonial exige **unidade, indissolubilidade e fidelidade** de doação recíproca definitiva.

Quais são as finalidades do Matrimônio? – Duas são as principais: 1) No Matrimônio, o homem e a mulher, vivendo em mútua comunhão, complementam-se psicológica, espiritual e carnalmente. Cria-se aquela "unidade de pessoas", que a Bíblia chama de "uma só carne", mas é muito mais do que só união carnal. Veja ***1 Coríntios*** 7,1-9. 2) Pelo Matrimônio, o Criador serve-se do homem e da mulher para transmitir a vida; por isso a geração de filhos é parte essencial dele. De fato, Deus disse a Adão e Eva: "'Sede fecundos, enchei a terra'" (***Gênesis*** 1,28; 9,1).

Que relação há entre o Matrimônio e a Família? – Segundo o plano do Criador, confirmado por Cristo, o Matrimônio é o **fundamento** da Família, pois o amor conjugal se destina, como seu coroamento, à procriação e à educação dos filhos. Dessa forma, os cônjuges cooperam com o Criador, no dom da vida, a uma nova pessoa humana.

Nessa perspectiva, qual o significado dos filhos? – Os filhos são o **reflexo vivo** do amor dos pais e **sinal permanente** da unidade conjugal, síntese viva e inseparável do pai e da mãe. Tornando-se pais, os esposos recebem de Deus também o dom de uma nova responsabilidade: a de serem para os filhos sinal visível do próprio amor do Criador.

O que é, então, a Família? – É uma **comunhão de vida e de amor**. Nela surge o conjunto de relações interpessoais – vida conjugal, paternidade-maternidade, filiação, fraternidade –, mediante as quais cada pessoa é introduzida na "família humana" e na "família de Deus", que é a Igreja.

Em síntese, o que é o Matrimônio no plano de Deus? – É uma **aliança** pela qual o homem e a mulher constituem entre si uma **comunhão da vida toda**, tendo como objetivos o bem do marido e da mulher e a geração e educação de filhos. Acrescente-se que essa aliança foi elevada por Jesus à dignidade de **sacramento**.

O que significa o Matrimônio ser sacramento? – Os sacramentos são meios humanos, instituídos por Cristo, pelos quais Deus comunica sua graça, seus dons a nós. O Matrimônio é um dos setes sacramentos.

Neles, Deus se serve **dos próprios cônjuges** para lhes dar os dons espirituais necessários, a fim de viverem sua união conjugal, da forma como o Criador e o próprio Cristo estabeleceram. Assim, o Matrimônio torna-se **fonte de ajuda divina** para aperfeiçoar o amor dos cônjuges e meio de salvação para eles.

O que mais resulta do fato de o Matrimônio ser sacramento? - Resulta que o ato de entrega de um ao outro no Matrimônio (o contrato natural) torna-se **sinal vivo** da entrega de Cristo à Igreja, sua esposa. Além disso, a comunhão conjugal **exprime visivelmente** a comunhão das Pessoas da Santíssima Trindade, como dissemos. Tudo isso tem sua raiz no Batismo, que faz da pessoa batizada membro de Cristo, imagem e semelhança de Deus.

O Matrimônio é importante para a sociedade? - Muito importante: para a comunidade e toda a sociedade, pois a família é a **base** da vida humana. Em especial, o Matrimônio é fundamental **para a Igreja**, pois é um sacramento, isto é, um meio de salvação.

Há alguma precaução a tomar antes de celebrar o Matrimônio? - Sim, é preciso fazer o **processo** de habilitação matrimonial.

Por que essas exigências? - Porque o Matrimônio é uma realidade que afeta a **sociedade**. Por isso tanto o poder público quanto a Igreja estabelecem normas e condições a serem seguidas, sem as quais o Matrimônio torna-se inválido ou ilícito.

A quem cabe fazer o processo matrimonial? - Cabe ao **pároco de um dos noivos**, ficando a escolha da paróquia a critério deles.

Quais são as finalidades do processo de habilitação matrimonial? - São três: 1) Recolher os dados pessoais dos nubentes e averiguar claramente a ausência de impedimentos para a celebração válida e lícita do Matrimônio; 2) Adquirir certeza moral sobre a liberdade de consentimento por parte de ambos; 3) Verificar e, se preciso for, suprir o grau de instrução suficiente dos noivos acerca da doutrina católica sobre o Matrimônio.

Quais são os dados pessoais que os nubentes devem fornecer? – Na certidão de Batismo, já constam os dados fundamentais. Por ela também se pode verificar se existem ou não alguns impedimentos para o Matrimônio. A certidão de Batismo deve ser **recente**, isto é, emitida nos últimos **seis (06) meses** e dada explicitamente para fins matrimoniais.

E quando não é possível obter a certidão de Batismo? – Nesse caso, por justa causa, pode-se admitir uma **prova equivalente** à certidão, ou seja, uma declaração jurada de uma ou duas testemunhas fidedignas de que o nubente recebeu de fato o Batismo. Mas é preciso prudência, para evitar fraudes, que são frequentes.

O que são os proclamas? – Os proclamas são um meio para saber se os noivos têm algum impedimento grave que torne inválido ou ilícito seu casamento. Podem ser feitos de diversas maneiras. Fundamental é que a comunidade paroquial participe na preparação dos Matrimônios. Por isso seus membros têm a responsabilidade de colaborar nesse sentido.

Como constatar se os noivos podem de fato casar? – Mais que um interrogatório ou exame formal dos noivos, a melhor coisa do ponto de vista pastoral é uma **conversa franca e informal** com cada um deles em separado e, depois, com os dois reunidos. Esse deve ser um trabalho específico **do pároco**, não cabe a funcionários paroquiais.

É necessária alguma preparação específica para o Matrimônio? – Ela é **necessária, indispensável e urgente**. Em geral costuma ser feita em catequese para noivos ou mesmo para namorados. Entretanto seria preciso que **já na catequese das crianças** se desse mais atenção ao sacramento do Matrimônio e à Família, pois a maioria das crianças vai casar. E, como vimos, é fundamental, já nas famílias, educá-las **para o amor** (doação, generosidade, serviço).

Terminado o processo de habilitação matrimonial, como agir? – Do processo podem resultar três situações diferentes: 1) Não há nenhum impedimento: nesse caso, realiza-se o Matrimônio. 2) Há impedimento certo: nesse caso, se o impedimento tiver dispensa, solicita-se ao Bispo a dispensa; se não for possível a dispensa, informam-se os noivos de que o Matrimônio não é possível. 3) Há um impedimento duvidoso: nesse caso, tenta-se resolver a dúvida; se esta persistir, recorre-se ao bispo.

É bom receber outros sacramentos antes do Matrimônio? – Sim, especialmente a Crisma, "se for possível sem grave incômodo", diz a lei da Igreja. Convém recebê-la antes do Matrimônio, mas ela não pode ser nem imposta, nem posta como condição para casar. É bom também se confessar e comungar; todavia, se os nubentes se recusarem a isso, o padre não pode negar-se a assistir a seu Matrimônio.

Há casos em que o bispo precisa intervir? – Sim. Há casos em que é necessária a **"licença"** do bispo para realizar o Matrimônio e casos em que, se o bispo não conceder **"dispensa"** de eventuais impedimentos, o casamento é nulo.

Há também casos em que é impossível qualquer Matrimônio? – Sim. Por diversas razões: ou porque é contra o bem do próprio ser humano ou porque é contra a Lei de Deus.

Com que idade pode ser realizado o Matrimônio? – No Brasil, a CNBB determinou 18 anos para o homem e 16 anos para a mulher. O bispo, porém, pode conceder dispensa da falta de idade suficiente.

O que se exige para que um Matrimônio seja válido? – Exige-se: 1) A presença dos contraentes. 2) A expressão verbal do consentimento. 3) A presença e atuação do "ministro assistente". 4) A presença das testemunhas comuns.

Deve haver testemunhas? - Sim. Deve haver pelo menos duas testemunhas, com presença física e simultânea no ato da celebração do Matrimônio. Para isso basta ter uso da razão (não há limite de idade) e compreender o que a pessoa vai testemunhar.

Há alguém que não pode ser testemunha? - Nenhuma lei exclui quem quer que seja da possibilidade de ser testemunha de um Matrimônio. É bom notar também que "testemunha" não é "padrinho" ou "madrinha". Terminado o ato de testemunhar, a testemunha não tem mais nenhum vínculo com quem casou.

Há também Matrimônios que são nulos? - Sim. Por três motivos: 1) Por impedimento dirimente, isto é, que torna nulo o Matrimônio. 2) Por vício de consentimento, quer dizer, porque o consentimento não foi de forma adequada. 3) Por falta de seguir as normas estabelecidas pela lei da Igreja.

É possível "anular" um Matrimônio? - Não. Todavia, se o Matrimônio "tiver sido nulo" por algum motivo, a Igreja pode **"declará-lo"** nulo, o que exige um processo. Em casos assim, o melhor é dirigir-se à Cúria Diocesana, onde serão dadas as devidas informações.

Podem pessoas casadas separar-se? - Há casos em que a separação temporária ou mesmo perpétua é permitida, sobretudo quando ocorre adultério, dentro de certas condições, conforme a lei da Igreja. Sobre isso, o pároco pode dar mais informações.

Quer saber mais? -
Veja o ***Catecismo da Igreja Católica***, n. 1601-1666.

CONCLUSÃO

Jesus Cristo é o grande Sacramento do Pai, e a Igreja é o Sacramento de Cristo. Oxalá esta Catequese desperte em seu coração uma imensa gratidão a Jesus, que, em seu amor e sua misericórdia, acompanha nossa vida do nascimento à morte, assegurando-nos sua presença, na força do Espírito Santo, em cada etapa da existência e oferecendo-nos sua ajuda.

É assim que, com alegria e determinação, caminhamos pelas veredas do Evangelho, na certeza de que em nenhum momento nos faltará a mão santificadora e salvadora de Jesus, que vive em sua Igreja e a vivifica por meio dos Sacramentos.

Este livro foi composto com as famílias tipográficas Acumin Pro, Segoe Ui e Minion Pro
e impresso em papel Offset 75g/m² pela **Gráfica Santuário.**